Adalbert Ludwig Balling · Gute Medizin gegen schlechte Laune

Adalbert Ludwig Balling

# Gute Medizin gegen schlechte Laune

Augenblicke der Besinnung

MORUS · BERNWARD · BUTZON & BERCKER

*Für meine Geschwister Rita, Georg und Irene*

ISBN 3-87554-147-2 Morus
ISBN 3-87065-088-5 Bernward
ISBN 3-7666-8942-8 Butzon & Bercker
Sonderausgabe, 2. Auflage 1990

© 1987 Morus-Verlag, Berlin
Alle Rechte vorbehalten
Umschlaggestaltung: Paul König
Druck: ENKA-DRUCK GmbH, Berlin 41
Buchbindearbeiten: H. Stein, Berlin

# EIN TRÖPFCHEN IM VORAUS

Es war einmal ein Illustrierten-Reporter, der ging auf die Straßen und Märkte, um die Leute nach ihrem „Rezept" gegen schlechte Laune zu befragen.

Ein Beamter sagte: Ich greife zur Zeitung, lese die Witzecke — und bin im Nu wieder fit. — Eine Studentin: Ich lege mich auf die Couch, entspanne mich und hole mir so die gute Laune wieder zurück. — Ein Landwirt: Ich gehe querfeldein, beobachte die Feldhasen, lausche den Vögeln und fühle mich bald wieder froh. — Ein Jurist: Ich nehme ein warmes Bad oder eine Dusche. Das vertreibt die Schwermut. — Ein altes Mütterlein: Ich bete. Beten hilft in jeder Laune und Lebenslage ...

Dieses Buch liefert zwar keine Patentrezepte fürs Leben, wohl aber Tips und Denkanstöße für ein lebens- und liebenswertes Dasein. Die 52 Kapitel (für jede Woche des Jahres eines) mit den ausgewählten Sinnsprüchen sind Hilfen zur Selbst- und Sinnfindung. Sie bieten eine echte Chance, die Liebe leben zu lernen.

Wie beim vorausgehenden Buch — „Das Leben lieben lernen" — heißt auch der Untertitel dieses Bandes: Augenblicke der Besinnung. Nachdenken und Beten kann be-ruhigend wirken, kann heil-sam sein. Beten kann vielleicht nicht über alles, aber doch über viele Sorgen und manchen Kummer hinweghelfen. Beten ist in der Tat eine gute Medizin — auch gegen schlechte Laune.

A. L. B.

# Die Reise wagen

ICH BIN BEREIT
ÜBERALL
HINZUGEHEN
VORAUSGESETZT
DER WEG
FÜHRT VORWÄRTS

DAVID LIVINGSTONE

Vor einigen Jahren besuchte ich das Dag-Hammarskjöld-Denkmal, ein „Zeichen am Weg" für den tödlich abgestürzten UN-Generalsekretär in der Nähe der sambischen Industriestadt Ndola (Zentralafrika). Es war zur Zeit der großen Kongo-Unruhen. Mehrere von Hammarskjölds markanten Worten sind rings um das Denkmal in Stein gemeißelt. Eines ist mir noch gut in Erinnerung: „Unsere Mühen um die Mitmenschen sind umsonst, weil wir es nie gewagt haben, uns selbst zu geben."

Ein hartes Urteil: „... sind (!) umsonst, weil wir es nie gewagt haben..." Hammarskjöld schrieb nicht: Unsere Mühen um die anderen sind umsonst, wenn wir es nie wagen..., sondern „weil wir es nie gewagt haben"!

Haben wir es wirklich nie gewagt?

Hand aufs Herz: Wie steht es mit mir, wenn es darum geht, für die Mitmenschen etwas zu wagen? Nicht nur für Freunde, Verwandte, Familienmitglieder, sondern für die Mitmenschen schlechthin?

Und ich dachte, damals am Denkmal des toten UN-Generalsekretärs, an ein anderes seiner inzwischen vielzitierten Worte: „Du kehrst niemals zurück. Ein anderer Mensch findet eine andere Stadt."

Wie wahr! Wir kehren niemals als dieselben Menschen zurück, von wo wir aufbrachen – jede Reise ver-ändert uns, macht etwas mit uns, wandelt uns – so oder so.

Auch der Besuch bei Ndola bestätigte mir dies. Ich kehrte als ein anderer zurück. Ein Toter hatte zu mir gesprochen, spricht heute noch, während ich diese Zeilen tippe, zu mir – und über mich zu Ihnen, lieber Leser. Auch Sie kehren – nach diesen Zeilen – als anderer zurück, ob Sie es wünschen, wahrhaben wollen oder nicht. Jede Be-sinnung ist ein Abenteuer, jede Meditation ein In-die-Ferne-Streifen mit unbestimmtem Ziel, ein Wagnis, zu dem man sich entschließen muß, denn: Als andere kehren wir zurück. Als Bessere? Als Vernünftigere? Als Verstehendere?

*HERR, wer weg-geht, hofft fast immer auf Rückkehr. Wer zu Dir geht, muß vorher die Ab-Reise wagen, muß einstimmen in die Möglichkeit, nie wieder zurückzukehren – jedenfalls nicht als derselbe. Manchmal haben wir Angst vor dieser Ab-Reise. Wir finden es bequem, so zu bleiben, wie wir sind. Wir lieben das faule Leben, den status quo. Überzeuge Du uns, HERR, daß unser ganzes Leben ein einziger Aufbruch ist, ein Unterwegssein zu Dir. Laß uns begreifen, daß, wer es wagt, sich selbst zu geben, am meisten empfängt; und wer die Reise – weg von sich selbst – wagt, zu Dir und den Menschen zurückfindet.*

# Das Märchen vom Hofhund und dem wilden Wolf

---

DER IST NICHT FREI
DER DA WILL TUN KÖNNEN
WAS ER WILL
SONDERN DER IST FREI
DER DA WOLLEN KANN
WAS ER SOLL

MATTHIAS CLAUDIUS

Es war einmal ein Wolf, der wanderte zu einem entlegenen Bauernhof, guckte durch den Lattenzaun und sprach zum Hofhund: „Komm her! Ich will dich was fragen." — Der Hund erwiderte: „Es tut mir leid, aber ich bin angekettet." Da erschrak der Wolf: „Was, du bist nicht frei? Und ich war der Meinung, dir ginge es gut!" — „Mir geht es gut", antwortete der Hofhund, „ich bekomme täglich dreimal mein Fressen, ich habe keine Sorgen..." — „Und die Wälder kennst du nicht? Und Hasen darfst du auch keine jagen?" — „Nein", antwortete der Hofhund, „ich habe nie frei, ich bin immer an der Kette." — „Das ist schlimm, sehr schlimm", brummte der Wolf, „denn die Wälder sind das Schönste, was es auf der Erde gibt..." — Der Hofhund hätte gerne noch mehr von den Wäldern gehört, aber der Wolf schüttelte den Kopf: „Ich will dir den Mund nicht noch wässriger machen. Ich gehe jetzt zurück zu meinen Freunden und erzähle ihnen von deinem elenden Hundedasein." — Da legte sich der Hofhund hin und heulte — und er war nie mehr glücklich. Der Wolf aber kehrte in die Wälder zurück, war sehr glücklich — und verhungerte im nächsten Winter, weil er kein Futter hatte. (Nach Christine Steiger.)

Oft und oft im Leben geht es uns wie dem Hofhund. Wir sind glücklich, zufrieden, fühlen uns hundswohl — bis einer daherkommt — ein Wolf aus den Wäldern — und uns auf etwas aufmerksam macht, was wir nicht kennen, nicht haben; bis wir über des Nachbars Zaun schielen und feststellen, daß er einen größeren Swimmingpool hat und mehr Obstbäume und einen schnittigeren Wagen fährt und eine höhere Fernsehantenne auf seinem Bungalow ... Und auf einmal sind wir unglücklich und unzufrieden und fangen an zu schimpfen und zu wettern über diesen Kapitalisten drüben auf der anderen Seite des Zauns.

Manch einer läßt sich sogar vom „Wolf aus den Wäldern" etwas von der goldenen Freiheit vormachen, der Freiheit jenseits aller Zwänge und Ketten, und er träumt nur noch von dieser ach so romantischen Freiheit, bis er eines klirrendkalten Wintermorgens vom Tod der Wölfe hört, jener Wölfe, die in Freiheit lebten und in Freiheit verhungerten ...

*HERR, wir wollen frei sein, frei bleiben, ganz klar. Wir wollen nicht an Ketten gehängt und geknebelt werden. Aber wir wollen auch nicht länger schimpfen über das, was manchmal nach Unfreiheit aussieht, in Wirklichkeit aber unserem Wohle dient. Wenn Du, HERR, Ge- und Verbote gibst, so schmeckt das nach Unfreiheit. Beim Näherbetrachten und nach längerem Überdenken können wir aber etwas anderes feststellen: Deine Liebe zu uns. Ge- und Verbote, von Dir erlassen, können eine Hilfe sein, für uns alle, damit unsere Seelen nicht verhungern, damit sie auch den kältesten Winter und die tiefsten Wälder überleben.*

# Nicht als Bösewichte abtun

> WENN FÜNFZIG MILLIONEN LEUTE ETWAS DUMMES SAGEN BLEIBT ES DOCH ETWAS DUMMES
>
> BERTRAND RUSSELL

In der Uni-Kneipe von Nairobi treffe ich Okot, den Dichter aus Uganda. Ein knallrotes Hemdchen hängt schlampig über seinen breiten Schultern. Sein Lächeln ist noch breiter. Er gefällt sich in der Rolle dessen, der andere überrascht, der widerspricht. Er diskutiert leidenschaftlich gern.

Wir sprechen, beiläufig, von den christlichen Kirchen, von den Missionaren in Ostafrika. Okot winkt ab. Für ihn sind sie Schwächlinge. Die christliche Moral läßt er für die Afrikaner nicht gelten. — Einehe? — Unmöglich für die Schwarzen, meint er, wo sie doch möglichst viele Kinder wünschen. — Zölibat? — Sein ganzer Kommentar: Er lacht lauthals. Er kann grob sein, aber er ist ehrlich. Wo andere Afrikaner aus Höflichkeit den Weißen zuliebe Schönes und Braves reden, sagt er seine Meinung: schonungslos offen. Mit Paulus könne er nichts anfangen; er wirft ihm vor, er habe das Christentum verfälscht, habe es zur Religion von Regeln und Geboten, zum einseitigen Moralin verkrustet. Paulus, ein Frauenhasser, habe dem Christentum einen schlechten Dienst erwiesen, meint Okot. Für Christus selbst hat der schwarze Dichter mehr übrig; er sei menschlicher gewesen, verstehender, toleranter. — Okot erinnert mich an Böll. Eigenartig: Beide schießen auf das Christentum, beide kritisieren es; beide kommen von ihm nicht los...

Es gibt so etwas wie Haß-Liebe. Man sagt, es gebe sie in der Ehe. Im Verhältnis von Mann und Frau. In den Beziehungen zwischen zwei Völkern.

Man darf wohl behaupten: Es gibt diese Haß-Liebe auch in bezug auf das Christentum. Manch einer, der die Kirche (meistens, wie Böll, als Institution, als Organisation) ablehnt, sympathisiert heimlich mit ihrem Stifter und seinen Lehren. Manch einer, der nach außen losböllert, schimpft und krakeelt, ist zu Hause ein anständiger Christ, jawohl, ein durchaus passabler Christ! Vielleicht ist es die Enttäuschung über jene, die versagten. Vielleicht Ärger über jene, die so tun, als wären sie Christen, in Wirklichkeit aber anderen Anlaß zum Ärgernis sind. Vielleicht ist es auch eigene unbewältigte Vergangenheit einer christlichen Erziehung.

Wie dem auch sei: Menschen, die wie Böll oder Okot die Kirche hassen, aber Christus lieben, darf man nicht als Bösewichte abtun. Man muß ihnen beweisen, daß ihre Auffassung von Kirche einseitig ist, daß es auch in der organisierten Kirche gute Menschen gibt, hervorragende Männer und Frauen, daß nicht das Gutsein allein Kriterium der Kirche ist, sondern die Tatsache, daß Christus mit seiner Gnade gegenwärtig ist und daß das Gutsein aus der Verbindung mit ihm motiviert wird.

*Vielleicht, HERR, liegt es an uns, an jedem von uns, wenn unsere Mitmenschen ein schiefes Bild von Deiner Kirche haben. Wir müßten bessere, wirkungsvollere Vertreter, echte Praktikanten Deiner Liebe sein!*

# Sie nannten ihn einen Deppen

---

ES IST SO
DASS DIE MEISTEN
MENSCHEN
WENN MAN SIE NACH IHREM
HANDELN BEURTEILT
LEIDER NICHT
VIEL WERT SIND
UND TROTZDEM
IST JEDER MENSCH
EIN EINZIGARTIGES
WUNDER

JAMES BALDWIN

Ich kannte einen Menschen, der weder Schulbildung noch einen Beruf hatte, der keine zwei Paar Schuhe besaß, auch keinen Mantel für den Winter. Die Leute nannten ihn einen Deppen. Er arbeitete selten, meist nur, wenn es ihm gerade einmal Spaß zu machen schien. Am liebsten war er auf Wanderschaft von Dorf zu Dorf. Ein Tippelbruder also? Nicht ganz. Denn eigentlich war er überall zu Hause, wo immer er haltmachte. Er schlief auf Heuböden und in Pferdeställen, zwischen den Mehlsäcken einer Mühle bzw. unter freiem Himmel, wenn es die Sommernacht erlaubte. Er hatte, wie die Leute sagten, ein „fröhliches Gemüt". Nie sah man ihn mürrisch, nie verärgert, nie traurig. Dabei lebte er von dem, was man ihm gerade anbot. Seine Kleider waren alt und abgetragen. Aus neuen machte er sich nichts. Eines Tages — niemand weiß genau, wann — war er spurlos verschwunden. Es dauerte lange, sehr lange, bis man es merkte. Denn er war ja immer unterwegs. Aber plötzlich sprach es sich herum: Er war nicht mehr da! Bis heute hat man nicht herausgefunden, was mit ihm geschah. Starb er irgendwo im Walde? Ging er in die Fremde? Tauchte er in einer Großstadt unter?

Wie auch immer, er fehlte. Er, den man den Deppen genannt hatte, den Taugenichts, den Vagabunden — er fehlte plötzlich sehr.

Weil er Freude und Gelassenheit und Sorglosigkeit ausstrahlte? Weil er jenen, die tagaus tagein schufteten und sich abrackerten, wortlos zu verstehen gab, daß arbeiten und für die Zukunft planen allein nicht das Ziel des Menschen sein können?

Oder war es die leise Ahnung der andern, daß ihnen hier einer voraus war — ein Mann, der das Leben meisterte?

Ich weiß es wirklich nicht. Ich kann nur bestätigen: Er fehlte in den Dörfern noch sehr lange — er, der eigentlich nie etwas für sie getan hatte. Oder doch? Haben etwa sein Unbekümmertsein und sein Gottvertrauen, seine Kunst, glücklich zu leben, ohne viel zu besitzen, einen Maßstab gesetzt?

*HERR, manchmal brauchen wir solche Menschen, damit uns die Augen aufgehen. Zu oft vergessen wir, daß jeder Mensch ein Geschöpf aus Deiner Hand ist, ein „einzigartiges Wunder". Und daß es auch auf jene ankommt, die uns Freude schenken durch ihr Lachen, durch ihr Vertrauen auf Deine Güte. Gib und erhalte uns solche Menschen, die uns immer wieder zeigen, daß Dein Sohn es ernst meinte, als er auf die Lilien des Feldes und die Sperlinge auf dem Dach verwies.*

# „Trink dir den Staub von der Seele!"

DER KATHOLIZISMUS
IST KEINE GARANTIE
GEGEN MENSCHLICHES
VERSAGEN
ER IST NUR EINE
GARANTIE DER GNADE
GEGENÜBER
MENSCHLICHEN
SCHWÄCHEN

JOSEPH FITZGERALD /
SÜDAFRIKA

Der Phantasie der Werbetexter sind keine Grenzen gesetzt. Immer neue Slogans werden geprägt, immer ausgefallenere Schlagwörter in die Massen geworfen. Pack den Tiger in den Tank, hieß es vor Jahren. Mach mal Pause! Weg mit dem Grauschleier! Da war von weißen Riesen die Rede, von Weißmachern und Allesklebern. Und jetzt schufen ein paar clevere Texter den Gag vom Seelenstaub. „Trink dir den Staub von der Seele" schreien ihre Werbespots allabendlich in die Fernsehkameras.

Staub von der Seele? Klingt eigentlich recht bildhaft fromm. Freilich meinen die modernen Manager der Getränke-Industrie nicht wirklich die Seele. An deren Staub ist ihnen nicht gelegen. Sie wollen, daß möglichst viel Getränke konsumiert werden. Und weil die Werbung immer neue Wege und Slogans braucht, kommen sie nun mit dem Seelenstaub, den es wegzutrinken gibt.

Was sie übersahen — die Werbetexter: daß sie damit eigentlich ein sehr menschliches Problem anrissen. „Seelenstaub" oder Sündenschuld sind eigentlich nicht so verschieden. Gewiß, man kann sich die Vergebung der Sünden nicht mit Cola runterspülen. Sekt oder Bier tun's auch nicht.

Aber irgendwie, meine ich, sollten wir alle einmal überlegen, ob es nicht angebracht wäre, hin und wieder den „Staub von der Seele" zu wischen, Auskehr zu halten bei uns selbst, uns des Ballastes zu entledigen, den wir mit uns herumtragen. Vielleicht wollten wir es schon lange (schon immer mal) tun, wollten mal ein Bekenntnis ablegen. Wollten einen Priester aufsuchen. Aber dann — wie es uns allen geht — haben wir es aufgeschoben, immer wieder aufgeschoben. Und der „Staub" blieb liegen. Dabei wäre uns eigentlich viel wohler gewesen, wenn wir ihn endlich mal beseitigt hätten.

Vielleicht sagt und argumentiert der eine oder andere: Was soll's? Staub hin oder her. Ich habe keinen ermordet, meine Frau nicht hintergangen, gestohlen habe ich auch nicht (höchstens dem Finanzamt ein Schnippchen geschlagen). Was soll ich eigentlich beichten?

*HERR, es fällt uns schwer zuzugeben, daß wir verstaubte Seelen haben. Runtertrinken läßt sich das nicht. Irgendwann, irgendwie müssen wir es aber beseitigen. Weil sich's nachher wieder leichter leben läßt. Es stimmt, HERR, wer sich zu Dir bekennt, ist nicht gefeit gegen Schwächen, wohl aber überzeugt, daß Deine Gnade ihn nicht fallenläßt. Sich seinen menschlichen Fehlern und Schwächen stellen, gelegentlich den Staub von der Seele wischen, ist kein Zeichen von Schwäche, sondern von Größe. Wer Ballast abwirft, steigt schneller empor!*

# Jede Krise
# eine Chance

---

DIE VERZWEIFLUNG
SCHICKT UNS GOTT NICHT
UM UNS ZU TÖTEN
ER SCHICKT SIE UNS
UM NEUES LEBEN
IN UNS ZU ERWECKEN

HERMANN HESSE

Richard von Weizsäcker ist bekannt für eine offene und zukunftsweisende Sprache. In einem Aufsatz über die Situation der Bundesrepublik Deutschland schreibt er abschließend die markanten Sätze: „Wir können uns nicht nach fremden Vorbildern richten. Wir müssen unseren eigenen Weg finden. Aber lernen kann man auch von anderen, zum Beispiel von den Chinesen. Denn es heißt, sie hätten ein und dasselbe Schriftzeichen für die Krise und für die Chance."

Jede Krise kann zur Chance werden. Das gilt für den einzelnen Menschen, für eine Gemeinschaft, für den Staat, für alle Völker auf diesem Planeten.

Wir haben es ein klein wenig gespürt, als die berüchtigte Ölkrise monatelang in aller Munde war. Es sah so aus, als ob sich Staatsmänner und Wirtschaftsbosse neu besännen. Man hatte — zeitweise — den Eindruck, als ob auch der Mann auf der Straße begriffen hätte, daß es in der Tat nicht ewig so weitergehen könne, so verschwenderisch wie bisher. So wenig auf die Zukunft bedacht. So selten überlegend, wie es wohl in fünf, zehn oder zwanzig Jahren aussehen würde.

Dann, schon ein halbes Jahr später, war die Krise behoben und mit ihr, so scheint es, die Chance vergessen, die sie uns bot.

Im persönlichen Leben ergeht es uns ähnlich. Plötzlich reißt uns der Tod eines lieben Menschen aus den Träumen, rüttelt uns wach, macht uns stutzig, nachdenklich. Wir nehmen uns vor: Jetzt aber endlich mal anders. Jetzt ein Neuanfang! Und dann — geht alles im alten Trott weiter.

Wir kennen die Krise im Beruf, in der ehelichen Gemeinschaft, in den Lebensjahren (man spricht von der „gefährlichen" Zeit der 40er, 50er Jahre). Wir wissen, daß mit jeder Krise eine neue Chance gegeben wird. Aber Wissen allein genügt nicht. Wir müssen zupacken, müssen uns neu besinnen, müssen uns einmal vor den Spiegel stellen und uns ehrlich fragen: Wo liegt die Chance? Wie kann's in Zukunft anders, besser werden? Was kann ich persönlich dazu beitragen?

*HERR, statt immer nur von Krise zu reden, statt die Bewältigung von Krisensituationen auf andere abzuwälzen, gib uns den klaren Verstand und den Mut, selbst Hand anzulegen. Auch in verzwickter, verzweifelter Lage soll uns die Gewißheit leiten, daß Du bei uns bist.*

# Gute Medizin
# gegen schlechte Laune

> DER HUMORIST
> RENNT
> MIT DEM HASEN
> DER SATIRIKER
> JAGT
> MIT DEN HUNDEN
>
> FATHER RONALD KNOX

In einer westdeutschen Tageszeitung fand ich einmal eine Glosse über die schlechte Laune — ein Plädoyer für alle Schlechtgelaunten. Heutzutage (so stand zu lesen), wo alle Litfaßsäulen, Fernsehshows, Illustrierten, selbst Politiker verschiedener Schattierungen ringsum gute Laune, schöne Zukunft verkünden, gehöre schon einiges dazu, auf seiner schlechten Laune zu beharren. Heutzutage, wo die gute Laune ein öffentliches Dasein führe, gehöre einiges dazu, bei schlechter Laune kein schlechtes Gewissen zu haben. Im übrigen gebe es Gründe, hin und wieder schlecht gelaunt zu sein; diese Laune plausibel und mitteilbar zu machen: „dies müßte man lernen, um guten Gewissens schlecht gelaunt sein zu können". (FAZ)

Es ging dabei nicht nur um ein Wortspiel. Die Zeitungsglosse traf ins Schwarze: Warum soll ein freier Mensch in einem freien Land nicht auch seinen freien Willen haben? Warum soll er nicht entgegen der landläufigen Meinung, die ein stetes Zahnpastalächeln vor die Kameraleute zwingt, warum soll er nicht auch einmal verstimmt sein, sich ärgern und diesem Ärger Luft machen? Was ist da schon dabei? Er muß ja nicht gleich Frau und Kinder anraunzen, er muß ja nicht gleich eine Philosophie daraus machen. Aber warum soll ein freier Mensch in einem freien Land nicht auch mal anderer Meinung sein als die Werbetexter großer Public Relation-Firmen? Warum dieses ewige „Cheese"? (Sagen Sie's einmal nach: „tschieß!" — langgezogen, anhaltend, und Sie werden automatisch die Zähne zeigen und den Fotografen anlächeln und über sein Bild die Öffentlichkeit.) Warum kann ein Politiker nicht auch mal ernst bleiben, wo er so viel Ernstes im Kopf haben sollte? Warum soll nicht auch mal eine Filmdiva die Lippen geschlossen halten; sie muß sie ohnedies oft genug öffnen, ohne es zu wollen. Warum immer dieses Verbergen der schlechten Laune? Weil ein gutgezogener, rechtschaffener Bürger nicht schlecht gelaunt ist? Weil ein Mann/eine Frau des öffentlichen Lebens froh und glücklich aussehen muß? Weil es sich so gehört? Weil es die Schaulustigen, die Presseleute, die Public Relations-Manager und das Millionenpublikum vor dem abendlichen, flimmernden Hausaltar so wünschen?

*HERR, nichts gegen frohe Gesichter, um Himmelswillen, nein, man möge mich da nicht falsch verstehen. Ich bin auch für offene, lachende Leute. Aber, HERR, gib uns Mut, ehrlich zu bleiben, ehrlich zu werden, auch zu uns selbst. Nicht jeder, der lacht, hat was zu lachen. Aber über uns selbst lachen — das sollten wir immer wieder probieren. Es ist die beste Medizin gegen schlechte Laune!*

# Für andere
# da sein dürfen

NICHT FRAGEN
NICHT ANTWORTEN
SIND DAS WICHTIGSTE
FÜR DICH
SONDERN SCHWEIGEN
UND ZUHÖREN
UND GOTT GEHORSAM SEIN
IN LIEBE

RAPHAEL HOMBACH

Vor ein paar Tagen rief mich eine mir unbekannte Frau an, erkundigte sich höflich, ob ich etwas Zeit für sie hätte und erzählte mir dann von ihrer 84jährigen Mutter, die momentan unter schrecklichen Ängsten leide. Von irgendwoher habe man ihr einen „frommen Schrieb" zugeschickt, auf dem der Weltuntergang prophezeit werde — und zwar noch in diesem Monat. Schon in wenigen Tagen würde sich die Sonne verfinstern. Schlimmes stünde bevor... usw. usw. „Was soll ich bloß meiner Mutter sagen? Wie sie beruhigen? Bitte, Herr Pater, helfen Sie mir!"

Ich habe versucht, die Frau zu beruhigen, habe mich bemüht, ihr zu erklären — wie sie ihrer Mutter beistehen, wie sie ihr die Angst nehmen könne. Ich habe auch erwähnt, daß es dazu des Vertrauens auf die Güte und Liebe Gottes bedürfe. Wir alle hätten von Zeit zu Zeit Angstzustände. Angst vor einem Examen; Angst vor einer Lebensentscheidung, etwa der Heirat; Angst vor dem öffentlichen Auftreten; Angst vor einer Reise; Angst vor der Ungewißheit der Zukunft. Kein Mensch bleibe davon ganz verschont. Aber wir müßten uns immer wieder sagen: Gott ist bei uns. Er wacht über uns — mehr als über die Sperlinge auf dem Dach; er schützt uns besser als die Lilien auf dem Feld.

Doch die Frau entgegnete mir: „All das habe ich meiner Mutter schon oft gesagt. Es hilft nicht, sie zu beruhigen. Sie zieht es vor, an die Visionen eines mexikanischen Cowboys und einer österreichischen Seherin zu glauben!"

Leider glauben viele Menschen lieber an Visionen und Erscheinungen als an die Lehre der Kirche. Leider ängstigen sich viele zu Tode, statt dem Glauben zu schenken, was Gott uns gesagt hat: Fürchtet euch nicht, ich bin bei euch alle Tage.

Leider wollen viele nicht mehr glauben — und finden dann, oft sehr spät und erst auf Umwegen, wieder zurück. Manche greifen in letzter Not zum Dienst der Telefonseelsorge:

300 000 Anrufe im Jahr in der Bundesrepublik! Menschen kurz vor der Verzweiflung; kurz vor dem Selbstmord; weil sie keinen Sinn im Leben sehen; weil sie niemand anhört; weil „keiner Zeit für mich hat".

*HERR, ganz ohne Angst und Furcht wird es in unserem Leben nie gehen. Aber hilf uns, bei allem Ungewissen in unserem Leben das Vertrauen nicht zu verlieren: Vertrauen darauf, daß Du da bist; daß es Sinn hat zu leben; daß es Menschen gibt, die uns brauchen; daß es schön ist, für andere da sein zu dürfen — für andere Zeit zu haben.*

# Von der Wüste lernen

**IN DER WÜSTE KANN MAN EINEN FEHLER NUR EINMAL MACHEN**

**SPRICHWORT DER BEDUINEN**

Was versteht der durchschnittliche Europäer unter Wüste? In Europa gibt es keine ausgesprochene Wüste. Wie soll er wissen, was Wüste ist? In der Heiligen Schrift ist des öfteren von der Wüste die Rede. Christus fastete in der Wüste, Johannes der Täufer bereitete sich in der Wüste auf sein öffentliches Leben vor, Paulus betete in der Wüste. Die großen Einsiedler der ersten Jahrhunderte gingen in die Wüste.

Charles de Foucauld lebte in der Wüste...

Warum er, ein Mann des 19. und 20. Jahrhunderts? Sicher nicht, weil er die Romantik der Oasen entdeckt hatte. Sicher nicht, weshalb heute Tausende von Touristen quer durch die Sahara ziehen, mit allem modernen Komfort bepackt, motorisierte Nomaden mit Eisschrank und Konservendosen; für sie ist die Wüste wohl auch ein Erlebnis, aber doch nicht das, was es früheren Generationen war: eine Herausforderung, ein Ort der Begegnung, Landschaft des lauschenden Schweigens und des schweigenden Redens. Ort der Einkehr.

In die Wüste gehen — hieß einmal soviel wie: in sich gehen, Exerzitien machen. In sich hinein- und ins Weltall hinaushorchen. Offen werden für das Große des Universums. Mit den Sternen plaudern in mondheller Nacht. Mit den Winden Gedanken über die Dünen schicken. Mit dem Treibsand begreifen, daß wir vergänglich sind — und doch für ein paar Jahrzehnte Wurzel schlagen.

In die Wüste gehen heißt u. a. auch, sich selbst kennen lernen — und somit Verständnis aufbringen für die andern. Heißt, wie der Kleine Prinz Fragen stellen und durch die Fragen schon beweisen, daß man nicht unbedingt fertige Antworten erwartet. Daß man gewillt ist, den anderen Zeit zu lassen, erst einmal darüber nachzudenken.

In die Wüste gehen — heißt aber nicht: sich abkapseln, sich vor den anderen verbergen, keinen Kontakt mit ihnen wünschen. In die Wüste gehen — heißt nicht: Was kümmert mich das tolle Treiben der anderen? Sollen sie's selbst einmal verantworten! Ich bereite mich hier in aller Stille auf meinen Tod vor...

*HERR, in die Wüste gehen sollten wir eigentlich alle von Zeit zu Zeit. Jeder Mensch braucht Stunden der Stille, des Schweigens, der Ruhe. Wir alle müssen gelegentlich einmal abschalten, müssen Abstand nehmen vom täglichen Streß.*

*Aber bei aller Sehnsucht nach Ruhe und Entspannung laß uns eines, HERR, nicht vergessen: Daß niemand vor sich selbst davonlaufen kann — und schon gar nicht vor Dir. In die Wüste gehen — kann auch heißen: zu sich und zu Dir, HERR, finden — und über Dich zu den anderen.*

# Wenn Bäume sprechen könnten ...

DER OBSTBAUM
DER KEIN OBST BRINGT
WIRD UNFRUCHTBAR
GESCHOLTEN
WER UNTERSUCHT
DEN BODEN
DER AST
DER ZUSAMMENBRICHT
WIRD FAUL GESCHOLTEN
ABER HAT NICHT SCHNEE
AUF IHM GELEGEN

BERT BRECHT

Manche Menschen sehen vor lauter Bäumen den Wald nicht mehr, andere dagegen sehen nur noch Wald, dicken Urwald, ineinander verschlungene Bäume und Sträucher. Die einzelnen Bäume sehen sie nicht, die schlanken Sträucher fallen ihnen nicht mehr auf.

Ich habe Bäume sehr gern, ich liebe den Wald, weil er aus Bäumen besteht. Aus Bäumen, die reden können. Aus Bäumen, die unendlich viel erlebt und gesehen und mitgemacht haben. Es sind Bäume, die Wind und Wetter trotzten — immer noch trotzen. Sie haben viel erlitten, aber auch viel über-sehen. Sie haben viel und anhaltend geschwiegen. Denn Bäume können schweigen. Aber nicht alle Bäume schweigen. Und nicht jeder Baum spricht mit jedem Menschen. Das Sprechen mit Bäumen will gelernt sein.

Bäume sind wie reife Menschen. Reife Menschen sind wie Bäume. Sie haben es gern, wenn es Abend wird. Sie lieben den Wind und die Sonne, sie haben nichts gegen Regen und Schnee, denn sie wissen: Nach dem Regen kommt wieder Sonne, nach dem Winter wird es Frühling — und dem Sommer folgt der Herbst.

Bäume überleben nur, wenn sie Wurzeln schlagen, wenn sie sich im Boden fest verankern, sich festkrallen an Steinen und Felsen.

Menschen, die sich wie Spreu hin- und hertreiben lassen, tun sich schwer zu überleben. Ihnen fehlt der Halt, sie haben keine Wurzeln. Menschen, die mal hierhin, mal dorthin hüpfen, die nirgends bleiben wollen, die — von Unruhe getrieben — nie in die Tiefe gehen, werden vom Winde verweht. Sie hinterlassen keine Spuren. Nicht, weil sie keine Spuren hinterlassen könnten; weil sie nicht wollen, sondern weil sie zu ober-flächlich sind.

Der Wind treibt sie dahin.

*HERR, wir sind keine Bäume. Wir sind Geschöpfe aus Deiner Hand, die lachen und weinen können, die sich zanken und doch wieder vertragen. Wir sprechen miteinander, manchmal laut und trotzig, manchmal leise und wispernd. Aber wir sprechen miteinander. Bäume sprechen auch — aber eine andere Sprache. Bäume, wenn sie sprechen könnten, hätten viel zu erzählen. Manchem von uns würde die Röte ins Gesicht steigen. Aber Bäume schweigen — diskret, vornehm.*

*Lehre uns, HERR, von Bäumen zu sprechen als von Deinen Geschöpfen. Öffne unsere Augen für die Schönheit Deiner Natur. Mache uns dankbar für das saftige Grün der Bäume im Frühjahr, für die bunten Farben im Herbst, für die schneebedeckten glitzernden Zweige im Winter. Laß uns erkennen, daß nichts auf dieser Welt wäre, wenn es Dich nicht gäbe — nicht einmal ein Blatt auf dem Baum — und schon gar keine Äpfel und Birnen ...*

# Fast unverschämt reich?

---

**DEN BLICK
IN DIE WELT
KANN MAN
MIT EINER ZEITUNG
VERSPERREN**

**STANISLAW JERZY LEC**

In einem Fernseh-Interview wurde Egon Bahr, Minister für wirtschaftliche Zusammenarbeit (Entwicklungshilfe) gefragt, wie er denn das Urteil der Menschen in den Drittweltländern gegenüber Deutschland einschätze, was die Menschen in Asien, Afrika, Lateinamerika von uns denken?

Bahr antwortete, fast wörtlich: „So wie wir 1945 die Schweiz betrachteten: schön, sauber, reich, fast unverschämt reich — und problemlos!"

Im gleichen Interview wurde zugegeben, daß die westdeutsche Entwicklungshilfe — im Vergleich zu dem Ausmaß an Elend in der Welt — sehr klein ist: Man sprach in der Diskussion von 0,4 bis 0,5 Prozent des Gesamthaushaltes.

Und was noch mehr überraschte, was wir nicht so schnell vergessen sollten: Die Amerikaner gaben nach dem zweiten Weltkrieg bis zu drei Prozent ihres Haushalts in den Fonds des Marshallplans, ohne dessen Zustandekommen ein Wiederaufbau der westlichen Länder kaum denkbar gewesen wäre.

Ich weiß, lieber Leser, hiermit packe ich ein heißes Eisen an. Viele von ihnen werden mich warnend und abwehrend auf die endlose Reihe korrupter schwarzer und farbiger Politiker aufmerksam machen, werden sagen: Was, diesen Dorftyrannen vom Schlag eines Amin aus Uganda, diesen kleinen Hitlern, wie sie mittlerweile zu Dutzenden in Drittweltländern auftauchen, diesen Kerlen sollen wir Taschengeld liefern? Ausgerechnet diesen? Wo doch jeder weiß, daß sie und ihre Minister nur die eigenen Bankkonten auffüllen! Und obendrein: Wo es doch längst bekannt ist, daß unsere Entwicklungshilfe gar keine echte Hilfe zur Entwicklung dieser Länder mehr ist! Auch dieses Argument wird man immer wieder hören und vorbringen: Was soll das alles, wo am Ende doch nur unsere Großkapitalisten profitieren!

Man könnte in diesem Schimpfton endlos fortfahren. Vieles stimmt. Leider. Manches ist überspitzt. Aber eines muß man bei aller berechtigten Kritik über die Verwendung von Entwicklungshilfegeldern sagen: Wir müssen helfen, wenn wir menschlich handeln wollen, wenn wir Christen bleiben wollen. Die Amerikaner hätten damals auch sagen können: Was, diesen Deutschen, ausgerechnet ihnen sollen wir unter die Arme greifen? Diesen Nazis...

*HERR, mach uns einsichtig, lehre uns, daß nicht alle Menschen Amin oder Hitler heißen. Daß unter jeder Diktatur Hunderttausende und Millionen von Unschuldigen und guten Bürgern leben. Ihnen sollten wir helfen, ihnen müssen wir helfen.*

# Der Tod ist kein Gesellschaftsspiel

> ES WÄCHST DAS GRAS
> SO GRÜN
> SO GRÜN
> AUF GRÄBERHÜGELN
> BLUMEN BLÜHN
> WENN DU IM LEBEN
> NICHT WOHL GETAN
> WAS NÜTZEN
> DIE PERLEN
> IM GRABE DANN
>
> DSCHUANG DSI

Ein amerikanischer Hilfsgeistlicher — ich weiß nicht, welcher Konfession — hatte einen verrückten Einfall. Weil er die üblichen Trauerfeiern satt hatte, wollte er einmal sein eigenes Begräbnis „vorweg" inszenieren. „Ich möchte noch zu Lebzeiten hören, was meine Freunde Gutes über mich sagen, ich möchte den Anblick der schönen Blumen an meinem Sarg genießen." — Über 500 „Hinterbliebene" kamen zur Feier. Der Hilfspfarrer war mit einem Leinentuch und einer Kapuze bekleidet; auf der Nase saß eine dunkle Sonnenbrille. So hörte sich der Seelenhirt aus Florida, mit dem Rücken zur Gemeinde, die Lobreden seiner Schäflein an. Nach der makabren Feierstunde, die an seinem 64. Geburtstag (Alter schützt vor Torheit nicht!) stattfand, lud der „Verstorbene" zu einem kombinierten Geburtstags- und Leichenschmaus ein.

Verrückter Amerikaner, werden manche Leser murmeln — oder mit Entsetzen ausrufen. Mit Recht. Denn bei allem Sinn für Humor, auch gelegentlich für Galgenhumor, Tod und Begräbnis sind kein Gesellschaftsspiel, schon gar nicht, um sich über Lobhudeleien — geheuchelte oder echte — zu amüsieren.

Man muß den Tod nicht ernster nehmen als er ist. Aber darf man mit einem religiösen Brauch auf so schäbige Weise Schindluder treiben? Man darf es nicht. Auch dann nicht, wenn man im voraus zu verstehen gibt, daß alles ja doch nur ein Spiel sei, ein So-tun-als-ob!

Der Tod ist zu ernst, als daß man ihn veräppeln dürfte. Er ist freilich auch nicht so ernst, daß man, schon beim Gedanken an ihn, vor lauter Angst die Lust am Weiterleben verlieren muß.

*HERR, manchem von uns fehlen die richtigen Maßstäbe. Wir wollen originell sein, wollen salopp auftreten, wollen andere unterhalten, weil wir meinen, damit auch Dir zu dienen. Was wir dabei gar zu oft übersehen: Nicht jeder Hanswurst, der über die eigenen Beine stolpert, fällt so, daß die andern auch über ihn lachen; nicht jeder, der düstere Scherze ausklügelt, lehrt damit die andern das Fürchten.*

*HERR, Dummheit und Naivität sterben nie aus. Hochmut und Eitelkeit auch nicht. Keiner von uns bleibt ganz davon verschont. Um so mehr, HERR, lehre Du uns ein Gespür für das, was sich ziemt und was nicht. Lehre uns, dem Tod mit heiterer Gelassenheit entgegenzusehen; lehre uns jene Haltung, die Franz von Assisi meinte, als er den Tod seinen Bruder nannte.*

# Von der Klugheit der Stachelschweine

**WENN EIN DORN IN DIE ZEHE DRINGT BEUGT SICH DER GANZE LEIB UM IHN HERAUSZUZIEHEN**

SPRICHWORT DER ZULU

An einem eisig-kalten Wintertag, so beginnt Arthur Schopenhauer die Fabel von den Stachelschweinen, schmiegten sich mehrere Tiere eng aneinander, um durch die gegenseitige Wärme sich vor dem Erfrieren zu schützen. Bald jedoch spürten sie die lästigen Stachel und rannten wieder auseinander. Das Bedürfnis, sich erneut zu wärmen, brachte sie wieder zusammen. Abermals waren es die Stacheln, die sie trennten. Das wiederholte sich mehrere Male — bis die Stachelschweine, zwischen zwei Übeln hin und hergerissen, herausgefunden hatten, daß sie sich in mittlerer Entfernung voneinander wärmen konnten, ohne einander mit den Stacheln zu verletzen.

Mit uns Menschen, meint der Philosoph, verhalte es sich ähnlich. Die „mittlere Entfernung" sei es, die man im Umgang mit den Menschen herausfinden müsse; nur sie garantiere ein glückliches Zusammenleben. „Dem, der sich nicht in dieser Entfernung hält", schreibt Schopenhauer, „ruft man in England zu: Keep your distance!" (Bitte Abstand halten!)

Man könnte diese Fabel von den Stachelschweinen auf viele Ebenen des menschlichen Lebens „übertragen". Wir könnten uns beispielsweise fragen: Warum regen uns „fromme Seelen" bisweilen so auf? Die Antwort: Sie halten sich nicht an den Knigge der Stachelschweine; ihre „Frömmigkeit" wirkt aufdringlich, hat „Stacheln".

Das muß nicht so sein, denn Frömmigkeit ist eine Tugend, nur darf sie sich nicht den andern aufnötigen, darf die andern nicht belästigen. Tugend — auch die der Frömmigkeit — setzt ein Du voraus, ist auf Gott und die Menschen bezogen. Ohne diesen Du-Bezug ist Tugend nicht möglich; ohne auf die anderen Rücksicht zu nehmen, gibt es keine Frömmigkeit! Leider ist dieses schöne Wort „Tugend" — es ist sprachlich verwandt mit taugen und Tüchtigkeit! — heute arg verpönt. Man denkt an Betschwestern, frömmelnde Käuze, muffige Kirchenluft.

*HERR, lehre uns das Gute suchen und tun, ohne unseren Mitmenschen auf den Wecker zu gehen. Lehre uns rücksichtsvoll sein, auch wenn andere es nicht sind. Lehre uns, die Welt so zu sehen, wie Du sie siehst — und sie anzunehmen als ein Werk Deiner Hände. Lehre uns, daß auch die Dornen des Rosenstrauchs und die Stacheln von Igeln von Dir gewollt und geschaffen sind.*

# Wenn Freunde unerträglich werden

> DIE WELT SEHEN
> WIE SIE IST
> UND SIE DANN LIEBEN
> DAS IST
> DIE GRÖSSTE KUNST
>
> ROMAIN ROLLAND

Der französische Schriftsteller Albert Camus legt einem seiner Romanhelden die Worte in den Mund: Ich habe mich aus der Welt zurückgezogen, nicht weil ich zu viele Feinde, sondern weil ich Freunde hatte; nicht weil sie mir Schlimmes antaten oder zufügen wollten, wie man meinen möchte, sondern weil sie mich für besser und edler hielten, als ich bin. Es wäre eine Lüge gewesen — eine Lüge, die ich nicht länger aushielt...

Man muß diese Worte ein paar Mal lesen, bis man begreift, was Camus damit sagen will: Daß es schwer sein, schwer werden kann, wenn die eigenen Freunde von uns zu viel erwarten; wenn sie uns auf ein zu hohes Podium stellen; wenn sie gar keine Schwächen und Fehler an uns mehr sehen wollen, sie geflissentlich übersehen. Das auszuhalten, fällt schwer, schwer dann, wenn man ehrlich bleiben will.

Das erinnert mich an ein Gespräch mit einem, damals noch sehr jungen, Geistlichen, der auf die Frage, was ihm als Priester am schwersten falle, spontan antwortete: Predigen! Dabei war er ein ausgezeichneter, gerngehörter Redner, der den Zuhörern etwas bot, sie mitriß, immer wieder begeisterte. Seine Predigten wurden beachtet, er war stadtbekannt. Warum ihm Predigen so schwer falle, wollte ich wissen, wo er doch, wie jedermann wisse, zu den besten „Kanzelrednern" der Stadt zähle? Er: Weil ich immer wieder merke, daß ich den Zuhörern etwas sage, was ich selbst nur selten schaffe. Ich fordere sie auf, gut zu sein — und merke, wie wenig ich es bin; ich verlange von ihnen Opfer — und weiß, daß ich dazu gar nicht immer bereit bin; ich verkünde ihnen die frohe Botschaft — und mir ist oft schrecklich düster zumute... Kurzum, ich ertappe mich, meine mich dabei zu ertappen, unehrlich zu sein. Diese innere Spannung, wissend, daß ich so predigen muß, aber auch wissend, daß ich selbst ein Sünder bin — das ist schwer zu ertragen. Das fordert Demut, viel Demut!

*HERR, es stimmt, manchmal halten uns die Leute für besser, als wir sind. Wir sonnen uns zwar gern in diesem Glanz, aber wir leiden auch darunter. Da gibt es nur eines: lernen, demütig zu sein. Lernen, anderen zu dienen. Gib uns Mut zum Dienen, besonders, wenn alle Welt uns bewundert. Lehre uns ehrlich sein, ehrlich werden — auch mit uns selbst.*

# Ein Dankeschön
# für Selbstverständliches

> UNSERE BLUMEN
> SIND SO BILLIG
> DASS SOGAR EHEMÄNNER
> WELCHE KAUFEN KÖNNEN
>
> PLAKAT IN EINEM
> MÜNCHENER
> BLUMENLADEN

Haben Sie schon einmal darüber nachgedacht, daß das Wort „danken" etymologisch, also von der Wortwurzel her, mit „denken" verwandt ist? Daß eigentlich nur danken kann, wer vorher nachgedacht hat? Leute, die stumpfsinnig in den Tag hineinleben, die an nichts denken, werden kaum mal für ein Dankeschön Zeit finden. Eigentlich sehr schade, denn danken heißt doch u. a. auch, jemand wissen lassen, daß man froh ist, weil es ihn gibt!

Da gibt es so vieles in unserem Alltag, wofür wir dankbar sein sollten. Dinge und Menschen, die wir für selbstverständlich halten, die es aber nicht sind.

*HERR, Dir möchte ich danken, daß Du mich geschaffen hast. Daß Du mir Eltern, Brüder und Schwestern gegeben hast und viele Freunde und Bekannte. Was wäre eine Welt ohne Menschen, denen man sich anvertrauen kann?*

*Ich danke Dir aber auch, HERR, für die vielen anderen Menschen, die ich kaum kenne, ohne deren Dienst ich das Leben kaum schön fände: Ich danke Dir, daß es den Bäcker gibt, der mir jeden Morgen frische Brötchen backt; ich danke Dir für die Zeitungsfrau, für den Straßenkehrer, für die Leute von der Müllabfuhr. Ich danke Dir, daß es den Bauer gibt, der die Saaten bestellt. Ich danke für die Männer und Frauen in der Regierung, die Verantwortung tragen für die Demokratie in unserem Lande. Ich danke Dir für die Leute von der Presse, von Rundfunk und Fernsehen: Wenn sie nicht wären, hätte ich morgens keine Zeitung zum Lesen, müßte ich abends auf die Tagesschau verzichten, hätte keine Unterhaltung, wenn ich mal nicht in die Kneipe gehen will.*

*Ich danke Dir, HERR, für die Bergleute, die die Kohle aus dem Erdinnern buddeln — und für die Plantagenarbeiter in Afrika und Lateinamerika und Asien, die Kaffee und Tee anpflanzen.*

*Ich danke Dir für die Blumen, die in meines Nachbarn Hintergärtchen wachsen, für den grünen Rasen, für den Dackel von nebenan, für das Lachen der Kinder, für die hübschen Gesichtchen der Teenager, die jeden Morgen an meinem Fenster vorbeigehen; für die Sterne, die Sonne und den Mond; für das Wetter, auch für den Regen — den brauchen wir ja auch, damit uns das Wasser nicht ausgeht, damit die Saaten wachsen.*

*HERR, ich danke Dir für alles, was uns so oft selbstverständlich vorkommt; lehre uns, immer wieder neu zu danken. Denn wer dankt, ist zufrieden. Und Zufriedenheit ist Glück. Danke für beides!*

# Die modernen Heiligen und wir

DIE HEILIGKEIT BESTEHT
NICHT IN DIESER
ODER JENER ÜBUNG
SIE BESTEHT IN EINER
HERZENSBEREITSCHAFT
DIE UNS DEMÜTIG
UND KLEIN
IN DEN ARMEN
GOTTES MACHT
IN DER WIR UNS UNSERER
SCHWÄCHE BEWUSST SIND
UND BIS ZUR KÜHNHEIT
AUF DIE GÜTE DES VATERS
VERTRAUEN

THERESIA VON LISIEUX

„Er war seinen Zeitgenossen um Jahrzehnte voraus; er hat in mancher Hinsicht bereits am Ende des 19. Jahrhunderts praktiziert, was 50 Jahre nach seinem Tod als Aggiornamento in der Kirche aufbrach. Sein Blick für das Wesentliche, seine Offenheit zum Experiment um des Reiches Christi willen und sein Entschluß, den Lebensabend in der Einsamkeit zu verbringen, machen ihn zum modernen Heiligen. Aber es ist unwichtig, ob er je kanonisiert wird; wichtig ist, daß viele Menschen seine missionarische Haltung aufgreifen und sein Werk fortsetzen." — So heißt es in einer Kurzbiographie über den „Abenteurer in der Kutte", den Trappistenabt Franz Pfanner, Gründer der Missionszentrale von Mariannhill bei Durban/Südafrika.

*HERR, ich weiß, viele Katholiken und vor allem viele Ordensleute wünschen möglichst viele „Heilige", ganz besonders der „eigene" Ordensgründer soll darunter sein.*

*Dennoch: Kommt es darauf an, ob einer heiliggesprochen wird oder nicht? Sollte es uns nicht genügen zu wissen, daß die Betreffenden ein Gott wohlgefälliges und für uns alle beispielhaftes Leben geführt haben?*

*Im Falle Franz Pfanner kann ich nur sagen: Was er tat, wie er sich für die sozialen Nöte der Schwarzen einsetzte, die Art und Weise seiner Werbung um Missionsberufe und Mittel für seine Gründungen sind einzigartig in der Missionsgeschichte. Er war zu Lebzeiten eine Herausforderung für viele. Sein Elan, sein Weitblick, seine Initiativfreudigkeit, sein Mut zum Experiment und Wagnis bleiben bewunderns- und nachahmenswert.*

*HERR, laß uns endlich loskommen von jenem Denken, das da meint, wir müßten ihn — und andere „moderne Heilige" — unbedingt kanonisieren lassen. Lehre uns, daß es viel wichtiger ist, dem Beispiel großer Männer und Frauen zu folgen, ihre missionarische Haltung aufzugreifen und ihr Werk fortzusetzen.*

*HERR, Deine Heiligen leben auch heute mitten unter uns. Laß uns mit ihnen arbeiten, uns an ihrem Elan und ihrer Begeisterung für Deine Sache teilhaben. Schenke uns, HERR, die Bereitschaft, von der die kleine Therese von Lisieux spricht; jene Bereitschaft, die uns demütig macht in Deinen Augen.*

# Die kleinen Dinge zu unseren Füßen

---

**IN JEDER LEEREN MUSCHEL STECKTE EINMAL ETWAS LEBENDIGES**

GODFRIED BOMANS

In einem Brief an ihren Sohn schrieb die Mutter Johann Wolfgang von Goethes: „Wie viele Freuden werden zertreten, weil die Menschen meist nur in die Höhe gucken und, was zu ihren Füßen liegt, nicht achten."

Wenn wir ehrlich sind, müssen wir Goethes Mutter recht geben. Wir gucken nach den Sternen und übersehen dabei, was uns viel näher ist, was uns umgibt.

Wir halten Ausschau nach den Berggipfeln, peilen die in weiter Ferne liegenden Oasen an, übersehen aber dabei, daß es die kleinen Dinge zu unseren Füßen sind, die uns Freude bereiten könnten.

Wir ärgern uns über die Großwetterlage in der Politik, wir schimpfen über die Amerikaner und die Russen, über Araber und Israelis, die sich nicht leiden mögen; wir werfen den einen böse Absicht, den andern Kriegslüsternheit vor; wir deuten auf die andern, „die da oben", die alles vermurksen, geben aber nicht zu oder denken nicht einmal daran, daß es an der Zeit wäre, zuzugeben, daß wir selbst in unserem kleinen Bereich zuständig sind für Freude und Glück. Vor lauter Höhenguckerei bleiben die kleinen Dinge des Alltags auf der Strecke.

*HERR, beschämt und bedrückt muß ich gestehen: Ich habe immer noch nicht gelernt, Deine Größe und Weisheit zu würdigen; Deine Güte und Allmacht zu respektieren.*

*Ich muß es mir sagen lassen: In der Nähe, zu unseren Füßen, liegen wunderbare Dinge: ein Grashalm, ein Marienkäferchen, ein Zweig, ein Gänseblümchen. Über jedes dieser Kleinen ließe sich meditieren, an jedem ließe sich Deine Größe und Güte und Dein Sinn für Schönheit ablesen. Ich aber gehe gar zu oft leichtsinnig daran vorbei. Ich will mir vornehmen, künftig die Augen offen zu halten für Deine schöne Welt.*

*HERR, ich muß es mir immer wieder sagen lassen, es mir selbst einreden: Auch das Kleine und Unscheinbare ist ein Stück Deiner Weisheit und Größe; auch der Regenwurm und die Feldmaus, der Tautropfen und die Schneeflocke, das Spinnengewebe und der Altweibersommer sind Künder Deiner schöpferischen Weitsicht; „in jeder leeren Muschel steckte einmal etwas Lebendiges".*

# In die Sonne von
# Liebe und Hoffnung legen

EIN BISSCHEN LICHT
EIN BISSCHEN LUFT
EIN BISSCHEN
SONNENSCHEIN
MEHR BRAUCHT MAN NICHT
ZUM GLÜCKLICHSEIN

MODERNER SCHLAGER

„Keine Katze mit sieben Leben, keine Eidechse und kein Seestern, denen das verlorene Glied nachwächst, kein zerschnittener Wurm ist so zäh wie der Mensch, den man in die Sonne von Liebe und Hoffnung legt." (Hilde Domin)

Ein schönes und wahres Wort! Den Menschen in „die Sonne von Liebe und Hoffnung" legen! Ihn liebhaben, ihm Hoffnung machen. Das ist es, was Wunder wirkt, viel größere und viel schönere „Wunder" als etwa die Zähigkeit einer Katze oder die Tatsache, daß Eidechsen und Seesternen verlorene Glieder nachwachsen.

Der Schlagertexter, der meint, der Mensch sei mit ein bißchen Licht, Luft und Sonnenschein zufrieden, sie genügten ihm zum Glücklichsein, hat zwar nicht ganz unrecht, aber am Ende reichen Licht, Luft und Sonne nicht aus, sonst müßten alle, die sich Reisen in den sonnigen Süden leisten, die Luftkurorte besuchen und lichte Bungalows bauen können, die glücklichsten Menschen der Welt sein. Nun lehrt aber die Erfahrung, daß dies nicht der Fall ist.

Zum Glücklichsein gehört eben doch mehr als nur frische Luft und Sonnenschein. Viel wichtiger als diese sind Liebe und Hoffnung; ist das Bewußtsein, daß es jemand gibt, der sich um uns kümmert; der uns Mut macht, wenn wir ermatten; der uns auch dann nicht verläßt, wenn alle anderen davonrennen.

*HERR, es ist etwas Wunderbares um diese Fähigkeit des Menschen, um die Fähigkeit zu lieben und zu hoffen; um die Fähigkeit, Liebe und Hoffnung zu lernen.*

*Du, HERR, hast uns Liebe gelehrt. Du hast uns wissen lassen, daß es nie zu spät ist, umzukehren, neu zu beginnen. Ich weiß, wir zweifeln immer wieder daran, aber wir wollen dennoch die Überzeugung nicht aufgeben, daß es den Menschen zum Menschen macht, daß er lieben und hoffen darf. Und wir wollen Dir, HERR, dafür danken, daß Du uns so geschaffen hast.*

*Auch dafür, daß wir erkennen dürfen, daß niemals in der Welt Haß durch Haß bekämpft werden kann, sondern nur durch noch mehr Liebe. Denn der „Haß ist ein schlechter Berater, er lebt vom Gestern" (Theodor Heuss). Liebe hingegen vergißt, entschuldigt, heilt Wunden. Und diese unsere Welt ist voller Gelegenheiten zur Liebe. Dir zuliebe, HERR, wollen wir Liebe verschenken. Heute, morgen — alle Tage unseres Lebens.*

# Der Blinde
# mit der sympathischen Stimme

ICH GLAUBE AN DIE SONNE
AUCH WENN SIE
NICHT SCHEINT
ICH GLAUBE AN DIE LIEBE
AUCH WENN ICH SIE
NICHT SPÜRE
ICH GLAUBE AN GOTT
AUCH WENN ICH IHN
NICHT SEHE

AN EINER MAUER DES
WARSCHAUER GETTOS
VON EINEM JUNGEN JUDEN
GESCHRIEBEN

Mai 1975. Ein Rundfunkjournalist interviewt einen Mann, der von Geburt an blind ist. Es entwickelt sich ein hochinteressantes Gespräch zwischen dem Reporter und dem Blinden sowie dessen Frau und Kindern. Der Journalist ist nervös. Der Blinde nicht; er hat eine kräftige, geradezu wohltuende Stimme. Auf die Frage, wie er es schaffe, nicht zu verzweifeln, froh und freudig — trotz Blindheit — in die Zukunft zu gehen, und was er denen rate, die kurz vor dem Erblinden stünden, antwortet der Blindgeborene: Was mich immer wieder stärkt, mir Mut macht, sind meine Dienste für andere und mein Glaube an Christus. Meine Religion ist meine beste Stütze. — Der Radioreporter murmelt verwirrt: Sonst haben Sie keinen Tip? Ich dachte, Sie könnten den anderen Blinden und denen, die blind werden, einen echten Ratschlag fürs Leben geben? — Darauf der blinde Mann: Das ist mein Rat: Glauben und beten! Der Glaube an Gott hat mir stets geholfen, auch in schweren Zeiten. Unterschätzen Sie das bitte nicht! Und, wie gesagt, meine Dienste für andere, für Frau und Kinder, für andere Menschen, die mich brauchen. Verstehen Sie: Blinde betteln nicht um Mitleid, sie wollen Verständnis für ihre Situation.

Der Reporter — ich weiß nicht, welcher Religion er angehört — wechselt das Thema. Er fühlt sich vom Blindgeborenen in die Enge gedrängt.

Heute noch höre ich diese sympathische Stimme, die Stimme eines Mannes, der etwas ausstrahlt, was viele Sehende nicht oder in weniger reichem Maße besitzen: Selbst- und Gottvertrauen.

*HERR, viele von uns (Gesunde, Sehende) sind der Meinung, Blinde und ans Bett Gefesselte müßten fromme Leute sein, weil sie ja auf die Hilfe von Mitmenschen angewiesen sind. Wir übersehen dabei, daß auch sie erst zu sich finden müssen, ehe sie zu Dir finden. Wie wahr: Sich selbst annehmen heißt: Dich und Deine Schöpfung annehmen; heißt: sehend werden für die Wunderwerke Deiner Natur.*

*HERR, wie schade, daß wir Sehenden häufig die eigentlich Blinden sind. Wie beschämend, daß Blinde uns bisweilen den Weg zeigen müssen. Lehre uns, HERR, mit dem Herzen sehen! Lehre uns, was Saint-Exupéry den Kleinen Prinzen sagen läßt — und was wir nicht oft genug uns selber sagen können: Man sieht nur mit dem Herzen gut. Das Wesentliche ist für die Augen unsichtbar.*

# Sich aneinander heranschweigen

> SIE RÜCKTE GANZ NAHE
> ZU MIR HIN
> UND ICH ZU IHR
> UND MEINE SEELE
> ERFRISCHTE SICH
> DURCH DIE GEGENSEITIGE
> NÄHE
>
> SPRICHWORT
> AUS DER SAHARA

Siegfried Lenz, ein Meister der Kurzgeschichte, beschreibt einmal in seinen Masurischen Geschichten („So zärtlich war Suleyken") den Annäherungsversuch eines tollpatschigen, nicht gerade redegewandten Holzfällers an ein (urplötzlich von ihm als begehrenswert erkanntes) Mädchen, das dabei war, Wäsche auf die Leine zu hängen: Joseph — so hieß der Holzfäller — „umfing die rosige Gestalt" — gemeint ist Katharina Knack, die Wäscherin — „mit den Blicken, versteht sich, rang nach Luft und würgte ein Weilchen, und nachdem er sich ausgeschluckt hatte, ging er an die Klattkä, das ist: ein Steg, heran. Er hatte sich heftig und lange überlegt, welche Worte er sprechen sollte, und als er jetzt neben ihr stand, sprach er so: ‚Rutsch zur Seite.' — Das war, ohne Zweifel, ein unmißverständlicher Satz. Katharina machte ihm denn auch schnell Platz auf der Klattkä, und er setzte sich, ohne ein weiteres Wort, neben sie. Sie saßen so — wie lange mag es gewesen sein? — ein halbes Stündchen vielleicht und schwiegen sich gehörig aneinander heran..."

Ja, sie „schwiegen sich aneinander heran"! Das ist ein vielsagendes Wort. Im menschlichen Leben gibt es Situationen, wo Worte, vor allem laute Worte, nicht helfen. Oder wo sie einem im Hals stecken bleiben. Wo man aber durch Schweigen, durch liebevolles, liebendes, gütiges Schweigen einander näherkommt. Wo man plötzlich spürt: der andere kennt dich; der weiß, was du denkst; er hört zu — ohne daß du sprichst; er lauscht dem Pochen deines Herzens, vernimmt deine Geheimnisse, ist gut zu dir.

Menschen, die sich nicht mögen, können nicht mit- und nebeneinander schweigen. Menschen, die einander hassen, finden es unerträglich, einander gegenüberzustehen, wenn Dritte fehlen. Menschen, die sich nicht riechen können, werden sich schwer tun, sich aneinander heranzuschweigen — für sie ist es praktisch unmöglich.

*Und doch, HERR, wie wichtig ist es im Leben — nicht nur unter Liebenden und Verliebten —, daß wir es lernen, schweigend einander zu lieben; schweigend einander zu dulden; schweigend einander zu verzeihen.*

*HERR, rüttle uns wach! Mach uns aufgeschlossen und hellhörig. Gib uns das nötige Fingerspitzengefühl füreinander — und die Liebe, aus der alles Verstehen geboren wird. Mach uns bewußt, daß wir manchmal schweigen müssen — um gehört zu werden.*

# Zur Einsamkeit berufen?

> EINSAMKEIT
> IST EINE
> SCHÖNE SACHE
> ABER MAN BRAUCHT
> EINEN MENSCHEN
> DER EINEM SAGT
> EINSAMKEIT
> SEI EINE
> SCHÖNE SACHE
>
> HONORE BALZAC

Vor vielen Jahren traf ich einen Missionar, der ein paar Monate vorher Stationsoberer geworden war. Ich kannte ihn gut und klopfte ihm anerkennend auf die Schultern, gratulierte ihm zu seinem neuen Posten. Er winkte ab. Traurig-melancholisch gestand er: „Komisch ist das mit uns Menschen! Jetzt war ich all die Zeit hier auf dieser Mission. Jeder mochte mich, und ich mochte jeden. Die Schwestern und Mitbrüder waren lieb zu mir, und ich meinte, es bliebe so auch in Zukunft. Doch kaum hatte ich die Leitung der Mission übernommen, da drückten sich viele an mir vorbei, mieden mich, tuschelten, wenn ich vorbeikam. Warum? Ich habe mich nicht geändert. Sie aber tun jetzt so, als wäre ich unnahbar geworden. Was soll das? Ich fühle mich heute einsam. Sie — die andern — machen mich zum Einsiedler. Aber ich will es nicht sein..."

Lange haben wir damals darüber diskutiert, warum wir Menschen, die wir gut kennen, anders behandeln, sobald sie einen Posten, sobald sie Verantwortung übernehmen.

Ist es Respekt vor dem Amt? Ist es Scheu oder Angst, der andere könnte jetzt — mit mehr Macht und Würde als früher — zu unseren Ungunsten entscheiden? Ist es falsche Höflichkeit, weil man (wer ist man?) meint, aus Respekt künftig mehr Abstand halten zu müssen? Ist es die nicht überprüfte Vermutung, der andere, „der da oben", wolle vielleicht nicht mehr geduzt werden, nicht mehr auf kollegialer Basis mit uns verkehren?

Wie dem auch sei, die Gründe und Motive sind vielschichtig und wohl auch von Fall zu Fall verschieden, eines scheint sicher zu sein: Kein Mensch kann ohne Freunde leben. Niemand wird auf die Dauer ohne das mit-menschliche, wohlwollende Verhalten der andern auskommen. Und je mehr Verantwortung und Würde einer übernimmt, um so größer ist die Gefahr, daß er einsam wird.

Es liegt sicher auch an uns, wenn „die da oben" so werden. Frage sich jeder selbst einmal, wann und wo er in dieser Hinsicht gefehlt hat!

*HERR, Dein Sohn hat die Einsamkeit gekannt, sie zutiefst gekostet. Selbst in der Familie zu Nazaret muß er sich hin und wieder einsam vorgekommen sein: Wußtet ihr nicht, daß ich in dem sein muß, was meines Vaters ist? — Und später, während seines öffentlichen Lebens, finden wir ihn immer wieder allein — mit Sündern, Bettlern, Dirnen. Die Jünger geben Fersengeld bei seiner Verhaftung auf dem Ölberg. Sie laufen weg. Lassen ihn allein.*

*HERR, gib uns ein Auge für die Einsamen. Öffne unsere Ohren für jene, die unter der Einsamkeit leiden. Mache unsere Hände bereit, sie den andern entgegenzustrecken.*

# Noch ein Stück zu leben

> EIN CHRIST
> IST EIN MENSCH
> IN DESSEN NÄHE
> ES LEICHTER FÄLLT
> AN GOTT
> ZU GLAUBEN
>
> UNBEKANNT

Hannelore Frank, eine evangelische Pastorenfrau, schrieb kurz vor ihrem Tod (sie starb 1973 im Alter von 46 Jahren), nie werde sie den Augenblick vergessen, als man ihr im Sanatorium sagte: „Sie haben nicht mehr lange zu leben!" Eigentlich, so schreibt Frau Frank, hätte sie Angst haben müssen. Doch nichts von alledem. Es sei genau das Gegenteil gewesen — tiefer Friede und ein klares Wissen, die noch vorhandene Zeit zu nützen — „zum richtigen, vollen, erfüllten und herrlichen Leben". Sie wußte, es würde ein Leben mit Schmerzen sein, aber wichtiger schien ihr: „Ich hatte noch ein Stück zu leben, und dies Stück kam mir so kostbar vor, wie mir mein Leben noch nie vorgekommen war."

Lieber Leser, versetzen Sie sich einmal in die Lage dieser Frau. Schließen Sie die Augen, und lassen Sie ein paar Gedankensplitter an sich vorbeisegeln: Falls die Tage, Wochen, Monate gezählt wären, falls der Arzt mit Sicherheit sagte: Frau X, Herr Mayr,

Fräulein Z, ich kann es Ihnen nicht länger verheimlichen. Es steht schlimm um Sie. Gesund werden Sie nicht mehr, nicht mit natürlichen Mitteln. Wenn kein Wunder passiert... Also kurzum, Sie müssen sich damit abfinden. Ihr Leben nähert sich allmählich dem Ende...

Freilich, lieber Leser, welcher Arzt ist schon so brutal, werden Sie protestieren, welcher Arzt ist so grausam, einem Patienten diese schreckliche Wahrheit ins Gesicht zu schleudern? Wer könne schon so unmenschlich sein?

Frage an Sie: Ist es wirklich so unmenschlich, wenn einem jemand die Wahrheit sagt, die sich auf das eigene Leben, auf die Zeit des noch zur Verfügung stehenden Lebens bezieht?

Müßten wir nicht eher dankbar sein, wenn Ärzte und Krankenschwestern so offen reden?

Hannelore Frank, die Pastorenfrau auf Sylt, war dankbar für die klaren Worte im Sanatorium. Von Furcht und Angst keine Spur, schreibt sie. Eher Friede und der Wunsch, die noch verbleibende Zeit zu nützen. Sie empfand die vor ihr liegenden Wochen und Monate als etwas Großes, als ein echtes Geschenk. Als etwas ganz Kostbares!

*HERR, irgendwie haben wir alle Angst vor dem Ende. So sehr wir auch beteuern, das Leben sei uns gleichgültig, wir hingen nicht daran, wir seien bereit, lieber heute als morgen, von der Bühne abzutreten — ist es so weit, dann beginnen wir zu kneifen und zu betteln.*

*Hilf uns, HERR, für das, was wir haben, dankbar zu sein — und wenn es einmal mit uns zum Ende kommt, in Gelassenheit und mit Vertrauen dem Tod entgegenzugehen, wissend, daß Du bei uns sein wirst, daß Du uns nicht verläßt, auch und gerade nicht am Ende unseres Lebens.*

# „Sie haben sich gar nicht verändert!"

---

RUHELOS
ZIEHT DER MENSCH
DAHIN
DIE GRENZEN
DER WELT
ZU ERKENNEN
UND BEGEGNET
IMMER NUR
SICH SELBST

UNBEKANNT

Ein Mann, der Herrn K. lange nicht gesehen hatte, begrüßte ihn mit den Worten: „Sie haben sich gar nicht verändert!" — „Oh?!", sagte Herr K. und erbleichte. (nach Bert Brecht)

Es ist kein Kompliment, wenn man uns „gar nicht verändert" findet. Es spricht nicht für uns, wenn wir ewig dieselben bleiben. Denn: sich nicht ändern, heißt doch auch, nichts dazugelernt zu haben. Und wer wollte das schon gern zugeben?

Freilich, wir hören es gern, wenn Bekannte und Freunde sagen: Mann, siehst du aber prima aus! Genau wie vor zehn Jahren. Und kein einziges graues Haar mehr als damals. Wie schaffst du das bloß?

Das schmeichelt uns. Mit Recht? Ach, warum nicht. Warum sollen wir uns nicht darüber freuen dürfen, daß wir — äußerlich — nicht zu sehr gealtert, nicht wesentlich dicker geworden sind, nicht zu viele neue Runzeln und Falten unter den Augen, nicht noch lichteres Haar bekommen haben. Aber bei aller Freude über die Komplimente der Mitmenschen, die uns wohl tun und die wir auch brauchen, sollten wir uns nicht darüber hinwegtäuschen, daß ein wenig Selbstkritik angebracht ist — angesichts so vieler netter, lieber Artigkeiten.

Wir sollten für unsere Person, aber auch für die Mitmenschen, wissen, daß eigentlich nur Dummköpfe, Naive, Festgefahrene, Erstarrte über Jahre hinweg dieselben bleiben. Kein normaler Mensch wird von sich sagen können, er sei heute noch derselbe wie vor fünf oder gar zehn Jahren.

Ich traue mich nicht zu behaupten, ich sei heute noch derselbe wie gestern. Ich wünsche jedenfalls, dem wäre nicht so. Ich möchte heute — und wenn auch nur ein klein wenig — anders sein als gestern. Ich möchte wirklich, daß jeder neue Tag etwas bringt, das mich anders macht, und wäre es auch nur um eine winzige Nuance. Aus tausend und mehr Pinselstrichen entsteht ein ganzes Bild — vielleicht am Ende sogar ein völlig neues, eines, das dem vor zehn Jahren nicht mehr gleicht.

Ich kannte einen Mann, der wetterte schrecklich über seine Mitmenschen. Der Boß war in seinen Augen ein ekliger Schuft, die Kollegen Blutsauger und Schmarotzer. Niemand, aber auch gar niemand war nach seinen Begriffen ehrlich, korrekt, gut. Nun wechselte er innerhalb von zehn Jahren das sechste Mal die Stelle... Ich gab ihm beim Abschied zu bedenken: Vergiß nicht, Du nimmst Dich selbst mit! Das ist Dein Problem!

*HERR, es ist unser aller Problem. Wir alle nehmen uns mit. Wir alle müssen mit uns selber leben lernen. Und wer dies lernt, lernt auch, mit andern auszukommen. Hilf mir, HERR, mich zu verstehen, damit ich auch die andern besser begreife.*

# Schon einmal Rufmörder gewesen?

ICH BIN IMMER
DER ANSICHT GEWESEN
DASS MAN NUR
WENN MAN SEINE
EIGENEN FEHLER
DURCH EIN
VERGRÖSSERUNGSGLAS
BETRACHTET
UND MIT DENEN
SEINER MITMENSCHEN
GENAU DAS GEGENTEIL TUT
ZU EINER
GERECHTEN BEURTEILUNG
BEIDER GELANGEN KANN

MAHATMA GANDHI

„Kaum war das Gerücht entstanden, da tat es auch schon das, was offenbar in seiner Natur liegen muß: es verbreitete sich. Verbreitete sich über ganz Suleyken, sprang über nach Schisomir, rannte den Bahndamm entlang nach Striegeldorf und gelangte, dieses Gerücht, nach Überquerung der Kulkaker Wiesen direkt in die Kreisstadt. Hier verlief es sich erst mal, hatte sich verirrt, wie es schien, aber dann fand es doch den Weg: stolzierte eines Tages über den Marktplatz, die Treppen zum Magistrat hinauf, klopfte an eine gewisse Tür und war, wie die Ereignisse zeigen werden, am Ziel..."

Anschaulicher läßt sich die „Natur" des Gerüchtes kaum beschreiben. Siegfried Lenz hat es in seinen Masurischen Geschichten („So zärtlich war Suleyken") bildhaft eingefangen. Und er hat gleichzeitig zu verstehen gegeben, wie wenig wir auf grassierende Gerüchte Einfluß nehmen können. Grund genug, einmal zu überlegen: Inwieweit bin ich am Aufkommen von „Gerüchten" schuld — oder mitschuld? Inwieweit habe ich diesem oder jenem etwas angedichtet, nicht gerade dadurch, daß ich gelogen hätte, aber einfach so, daß ich Vermutungen aussprach und sie dem, der sie hörte, als bare Münze servierte? Klopfe jeder von uns einmal an seine Brust: Waren wir nicht alle schon einmal Ruf-Mörder?

*HERR, ich gebe es zu, auch ich bin mit der Wahrheit manchmal recht leichtfertig umgegangen, auch ich habe Gerüchte angehört, vergrößert, weitergetratscht; auch ich gehöre zu denen, die, wenn über Dritte hergefallen wird, nicht erst einmal in aller Ruhe überlegen, zaudern, zögern, abwägen — auch ich bin allzugerne bereit, von anderen das zu glauben, was man ihnen andichtet; auch ich bin mitschuld am Mord ihrer Ehre, ihres Ansehens, ihres guten Rufes.*

*HERR, es wird wenige Menschen geben, die sich dieses so verflixt häßlichen und doch immer wieder verlockenden Umgangs mit Geschichten völlig enthalten. Es scheint uns allen irgendwie im Blut zu liegen. Aber auch das ist keine Entschuldigung; denn ich weiß, daß es anders sein könnte — müßte! Ich weiß, daß ich ehrlicher und aufrichtiger werden muß. Hilf mir, HERR, nicht so schnell auf Gerüchte reinzufallen, künftig wachsamer zu sein und mit dem, was ich für bare Münze nehme, weniger Helfershelfer von Rufmördern zu werden.*

# „Die Welt braucht uns als Sauerteig"

---

MENSCHEN
DIE UNS
LIEBE
SCHENKEN
SIND
WIE BRÜCKEN
ZU NEUEN
UFERN

ERNST HAEHNEL

Pater Leon lebt seit zwanzig Jahren in einer Kommune — in einem Armenviertel im Zentrum von Brüssel. Zusammen mit einem Mitbruder begann er, Bettlern zu helfen; einer schloß sich ihnen an und wurde Katechist des Viertels. Im Laufe der Jahre kamen mehr Menschen, Männer und Frauen, vor allem Jugendliche. Heute zählt die Kommune an die 45 Personen, darunter sechs Patres aus verschiedenen Orden. Sie leben in Gütergemeinschaft. Jeder gibt seinen Verdienst ab und erhält dafür eine bestimmte Summe für Kleidung und persönliche Ausgaben. Einmal am Tag essen sie gemeinsam. Die Ordensleute feiern täglich die Hl. Eucharistie. Wer will, kann teilnehmen. Jeden Samstag Vormittag ist eine Art Lagebesprechung. An der Predigtvorbereitung nehmen alle teil; die Ansprache hält abwechselnd einer der Patres. Wer die Gemeinschaft verlassen will, kann dies jederzeit tun. In der Regel bleiben die jungen Leute zwei Jahre in der Kommune der belgischen Geistlichen.

Warum überhaupt? Pater Leon: „Jeder Mensch braucht ein Ziel für sein Leben, sonst ist es wertlos. Wir versuchen zu zeigen, wie man sinnvoll in der Gemeinschaft leben kann. Wichtig ist, daß jeder von den anderen angenommen wird und so zu sich selbst finden kann, indem er dem andern dient. Dazu gehört Mut und auch Phantasie. Es ist ein Risiko, aber was hat es für einen Sinn, wenn wir Ordensleute dauernd von Versicherungen und Verwaltung unserer Güter sprechen? Wir sollten auf Gott vertrauen; die Jugend schreit nach Menschen, die ein Ziel vor Augen haben. Die Welt braucht uns als Sauerteig!"

*HERR, oft und oft verschanzen wir uns hinter schönformulierten, klugweise ausgetüftelten, nach allen Seiten abgesicherten Redewendungen und Regeln: Hier ist Klausur! hieß es früher. Hier hinein darf kein Weltkind seinen Fuß setzen. Hier sind Klostermauern. Hier herrscht Schweigen. Hier geht es um Satzungen, Regeln, Konstitutionen. Hier darf man nicht dran rütteln. Außenstehende verstehen das nicht: Die Welt muß draußen bleiben...*
*HERR, wir hatten die Klöster zu Häusern der verschlossenen Türen gemacht. Wir untermauerten dieses Verhalten mit der Regel des Stifters. Wir waren guten Glaubens.*
*Aber die jungen Menschen schreien nach einem Ziel, nach Vorbildern! Ich meine, wir sollten nicht länger festgefahrene Vorschriften vor uns herschieben; wir sollten die Mauern durchlöchern und jenen, die „draußen" (als ob die Welt vor den Klostermauern halt machte!) keinen Sinn mehr finden, die ver-zweifeln am Sinn des Lebens, Einlaß gewähren. Das erfordert Mut, viel Mut. Das ist ein Risiko — ein gewaltiges Risiko. Aber wenn wir Sauerteig sein wollen — und der sollen wir doch sein! —, müssen wir unter die Leute. HERR, mach uns Mut, unsere Mitmenschen zu „riskieren". Du hast es doch auch mit uns riskiert!*

# Ein Wesen, das fähig wäre

WIR VERSTEHEN NICHTS
GAR NICHTS
ES SIND
SO VIELE GEHEIMNISSE
IM WACHSEN
EINES WEIZENKORNS
WIE IM LAUF DER STERNE
ABER WIR WISSEN
DASS NUR WIR ALLEIN
FÄHIG SIND
ZU LIEBEN
UND DARUM IST AUCH
DER GERINGSTE MENSCH
NOCH VIEL MEHR WERT
ALS DAS GANZE WELTALL

GUY DE LARIGAUDIE

„Wären wir nicht alle besser dran", schreibt der englische Romanschriftsteller Graham Greene in seinem Buch „Der stille Amerikaner" — er läßt es einen Journalisten fragen —, „wenn wir nicht versuchen würden zu verstehen, sondern wenn wir die Tatsachen akzeptieren würden, daß kein Mensch je einen anderen verstehen wird, keine Frau ihren Mann, kein Liebender seine Geliebte, und auch kein Vater und keine Mutter ihr Kind? Vielleicht ist dies der Grund, warum die Menschen Gott erfunden haben, ein Wesen, das fähig wäre zu verstehen."

Graham Greene ist Konvertit, katholischer Christ; aber in seinen Romanen tauchen immer wieder Atheisten und vom Glauben Abgefallene auf. Er, Greene, setzt sich nachhaltig mit religiösen Fragen auseinander. Wahrscheinlich denkt er (anhand seiner Romanfiguren) vieles, was Tausende und Millionen anderer ähnlich denken: Was wäre, wenn...? Und er stellt auch die Frage, ob es nicht besser wäre, erst gar nicht zu versuchen, den andern zu verstehen.

Diese Anwandlung überkommt wohl jeden Menschen von Zeit zu Zeit. Immer und besonders dann, wenn er enttäuscht wurde, wenn er plötzlich feststellen muß, daß ein Mensch, den er gut zu kennen glaubte, so ganz anders handelte, ur-plötzlich sich als so ganz anders entpuppte. Dann — in solchen Situationen — beginnen wir zu grübeln, zu zweifeln, zu verbittern.

Aber Graham Greenes Journalist hat nicht recht. Zweifach nicht. Erstens ist es nicht umsonst, zu versuchen, und immer wieder zu versuchen, die andern zu verstehen. Wer es liebevoll tut, gütig, mit-leidend, mit-fühlend, mitmenschlich, wird irgendwann auch verstehen, be-greifen, was im andern vor sich geht. Er wird aber auch spüren, daß wir Menschen gar nicht so angelegt sind, alles und jedes in den andern zu ergründen. Daß es gut ist, Geheimnisse zu haben, Geheimnisse weiterbestehen zu lassen. Daß jeder Mensch, als Original geschaffen, auch als solches verstanden werden muß. Das heißt, wir können nicht zwei Menschen so sehr miteinander vergleichen wollen, daß wir meinen, wenn wir den einen kennen, auch den andern zu kennen. Zum zweiten: Es stimmt nicht, daß die Menschen Gott erfunden haben, „ein Wesen, das fähig wäre, zu verstehen".

*Wäre dem so, beständest Du, HERR, nur in unserem Wunschdenken, dann wärest Du keine Hilfe, dann würde dieses Wunschdenken früher oder später wie eine Seifenblase zerstieben. Aber Du bist wahrhaftig. Du bist ein verstehender Gott. Du hilfst uns auch, uns selbst und unsere Mitmenschen zu verstehen. Gib uns Kraft, täglich neu damit anzufangen.*

# Menschen brauchen Menschen

OHNE EINEN FREUND
IST ES SCHLECHT
IN DEN KRIEG
ZU GEHEN
DANN HAT MAN KEINEN
ZU DEM MAN SAGEN KANN
ICH FÜRCHTE MICH

ORIANA FALLACI

„Sie werden es nicht glauben", schrieb mir vor kurzem ein Bekannter, „aber ich lebe fast wie ein Einsiedler; man zwingt mich dazu — gegen meinen Willen. Ich habe niemand, mit dem ich mich unterhalten könnte, auf intelligente Weise, freundschaftlich, schäkernd oder auch nur blödelnd. Man ignoriert mich in meiner Gemeinschaft. Nur bei den Schwarzen habe ich noch Freunde. Sie sind gute Menschen, und je länger ich ihre Schwächen kenne, um so mehr bewundere ich sie, vor allem die einfachen Leute..."

Der Brief kam aus Südafrika, wie Sie, lieber Leser, fast erraten konnten, der Schreiber ist Missionar. Seit einigen Jahrzehnten wirkt er in einem „fremden" Land, auf einem anderen Erdteil. Er ist kein Grübler, aber die Tatsache, daß seine Gemeinschaft ihn nicht ernst nimmt, macht ihm sehr zu schaffen. Wem von uns erginge es nicht ähnlich? Wer könnte schon von sich sagen, er brauchte die andern nicht?

Kein Mensch kann auf die Dauer

wie eine Insel leben. Niemand —
auch der Einsiedler nicht (er hat
einen heißen Draht nach oben!).
Wir alle brauchen Ver-Bindungen,
brauchen andere. Der Robinson-
Crusoe-Mann plaudert, wenn nicht
mit Gott, so doch mit den Sternen,
dem Wind, den Wellen — oder
er nimmt sich ein Boot und rudert
in die Ferne, um nie mehr zurückzukehren.

Menschen brauchen Menschen,
um zu leben. Dabei müssen es
gar nicht nur Freunde sein. Auch
Feinde braucht der Mensch. Nörg-
ler, Kritiker, Menschen, an denen
er sich reiben kann. All das er-
trägt der Mensch — nur eines
scheint ihn zu erdrücken: wenn
man ihn ignoriert, nicht zur
Kenntnis nimmt. Das ist schlimm.
Lieber läßt er sich aufziehen, läßt
sich veräppeln, läßt Schnick-
Schnack mit sich spielen — aber
er möchte als Mit-Mensch betrachtet werden.

*HERR, viele Menschen leiden unter Einsamkeit. Sogar mitten unter Millionen. „Einsamkeit, wie bist du übervölkert", hat ein polnischer Satiriker einmal ausgerufen. Dabei könnte es so wunderbar sein, HERR! Wenn wir uns bei Dir daheim fühlten, wenn alle Menschen aller Stände und Rassen und Nationen einander die Hand reichten, wenn wir endlich einmal uns darüber klar würden, daß wir ohne einander nicht leben können, daß wir alle — auf irgendeine Weise — einander brauchen.*

*Lehre uns diese Einsicht, HERR, und ermuntere uns, täglich von neuem, den andern entgegenzugehen, ihnen die Hand zu reichen, sie aus ihrer Einsamkeit heimzuholen in die Gemeinschaft mit Dir.*

# Was liebt die Welt an Deutschland?

---

DIE ENGLÄNDER
WOLLEN ETWAS ZUM LESEN
DIE FRANZOSEN
ETWAS ZUM SCHMECKEN
DIE DEUTSCHEN
ETWAS ZUM NACHDENKEN

KURT TUCHOLSKY

Stellen Sie sich vor, Sie befänden sich im Ausland, in den USA oder in Argentinien, in Japan oder Südafrika — und dies wäre Ihr erster Auslandsaufenthalt. Und jemand bittet Sie, etwas über Ihre Heimat zu erzählen, etwas ganz Typisches. Was würden Sie dem Fragenden antworten?

Schwer zu sagen, nicht wahr? Gar nicht so leicht, so aus dem Handgelenk heraus etwas über seine eigene Heimat zu sagen.
Anders gefragt: Was liebt die Welt an Deutschland? Was, meinen Sie, „lieben" die Ausländer an unserem Land besonders, wovon reden sie, wenn sie an Deutschland denken?

Laut Statistik denken sie: an Sauerkraut (die Amerikaner sagen zu den Deutschen „The Krauts"), Heidelberg, den Kölner Dom, das Hofbräuhaus in München; an Gemütlichkeit, Goethe, Bach und Beethoven; an die Loreley, Kukkucksuhren, den VW; vielleicht denken sie auch an Hitler, die KZ's, die beiden Weltkriege...

Oder was meinen Sie?

An was in unserem Land sollten sich die Ausländer erinnern? Und warum sieht die Wirklichkeit anders aus? Sind wir selbst mitschuldig? Scheuen wir uns immer noch, das Deutschlandlied mitzusingen? Kollektivschuld? Erinnerungen an den alten Text? Können Sie den neuen?

Sind Sie froh, Deutscher zu sein? Stolz auf Ihre Heimat?
Warum nicht? Was können Sie dafür? Genauso wenig wie ein Russe etwas dafür kann, daß er Russe ist, oder ein Schwarzer eben Schwarzer.

Haben Sie schon einmal nachgedacht, daß viele Faktoren in unserem Leben von uns überhaupt nicht beeinflußt werden können? Etwa die Länge unseres Körpers, die Farbe unserer Haare bzw. unserer Augen, unser Geschlecht und vieles mehr.

Tja, was wünschten Sie anders an den Deutschen? Und warum beginnen Sie nicht an sich selbst?!

*HERR, keiner von uns kann sich seine Eltern selbst aussuchen. Kein Mensch kann bestimmen, wo er geboren wird, in welchem Land er das Licht der Welt erblickt. Keiner hat Einfluß auf die Farbe seiner Haut, die Größe seines Körpers. Du gibst uns alles: Körpergröße, Haarfarbe, Teint; Du gibst uns ein natürliches Gespür für das, was wir Vaterland nennen. Laß uns nicht überheblich werden, aber wir wollen uns auch nicht dessen schämen, was uns in die Wiege gelegt wurde. Mache uns weltoffen und gib uns Verständnis für die Menschen aller Länder und Nationen.*

# Eine Handvoll Leute

---

WAS VON AUSSEN KOMMT
BEGLÜCKT EINEN SELTEN SO
WIE DAS GEFÜHL
DES WACHSENS
DER EIGENEN KRAFT

RICARDA HUCH

Mao Tse-tung, der „große Vorsitzende" im Reich der blauen Ameisen, prägte einmal das Wort: „Wenn ich will, daß etwas geschieht, brauche ich eine Handvoll Leute, die es tun."

Wir Katholiken sind, genau gerechnet, etwa 140 Millionen weniger als Maos Landsleute, die man auf 800 Millionen schätzt. Es müßte also möglich sein, aus diesen 660 Millionen eine Handvoll herauszupicken, die bereit wären, etwas zu tun. Wenn wir Katholiken wirklich wollen, daß in unseren Gemeinschaften etwas geschieht, braucht es ein paar wenige, die Impulse setzen, die Denkanstöße geben, die mit aktivem Beispiel vorangehen.

Freilich, nicht alle Katholiken sind von ihrer Religion überzeugt. Nicht alle glauben an die „Sache Gottes". Viele sind Mitläufer. Laue. Taufscheinchristen. Andere können sich — aus welchen Gründen auch immer, echten oder vorgespielten — nicht mehr mit der

Kirche als Institution identifizieren. Manch einer steckt in der Krise.

Dennoch: Maos Worte haben Geltung. Auch für uns Katholiken.

Einmal ganz ehrlich: Inwieweit ist Deine Gleichgültigkeit, Dein Stumpfsinn, Deine Müdigkeit im religiösen Bereich mitschuld an dem Gesamtbild der Kirche?

Mao hat 800 Millionen. Er glaubt an die Kraft von wenigen. Wir sind 660 Millionen. Eine stattliche Zahl. Die größte Mitgliederzahl einer religiösen Gemeinschaft auf unserem Planeten. Wir, auch ein paar wenige von uns, könnten Großes leisten, wenn wir wollen. Wenn wir, jeder an dem Ort, wo er steht, jeder in seiner Gemeinschaft, es anpacken; wenn jeder von uns, der von seiner Religion zutiefst überzeugt ist, sie lebt. Mao hat recht: Wenn wir wollen, daß etwas — zum Besseren hin — geschieht, braucht es eine Handvoll Gleichgesinnter, die es tut.

*HERR, Dein Sohn hat es uns vorgelebt. Mit zwölf Vertrauten, und davon war einer ein Verräter, hat er es gewagt, die größte unblutige Revolution der Weltgeschichte einzuleiten. Sie waren keine Professoren, keine Gelehrten, keine Könige und Gouverneure. Fischer waren sie, ganz einfache Fischersleute. Mit ihnen hat Dein Sohn begonnen, die Welt umzukrempeln. Ihnen hat er vertraut — und sie haben sein Vertrauen angenommen. Sie haben ihn nicht enttäuscht. Eine „Handvoll" hat das Gesicht der Erde verändert ...*

*HERR, gib uns Kraft, daran zu glauben; gib uns Ausdauer und Mut, es immer wieder selbst zu versuchen.*

# Der Hau-den-Lukas-Harry

> NIE KANN ES SICH
> DARUM HANDELN
> DASS WIR IM GEBET
> DEN WILLEN GOTTES
> ÜBERWINDEN
> SONDERN DIE MACHT
> DES GEBETES ERFAHREN WIR
> IN DER DEMÜTIGEN
> HINGABE
> UNSERER OHNMACHT
> AN SEINE ALLMACHT
>
> GERTRUD VON LE FORT

Als Harry Truman noch Präsident war, nannten ihn die Amerikaner den gröbsten, ungehobeltsten Staatsmann, den die USA je hatten. Nur wenige Jahre nach seinem Tod kramten ihn seine Landsleute aus der Kommode — sie hielten ihn plötzlich für einen der wenigen ehrlichen Politiker unserer Zeit. Watergate war vorbei. Man besann sich in Amerika wieder des einfachen ehrlichen Mannes. Und da dachten die Leute wieder an den „Hau-den-Lukas"-Präsidenten, an den „Give-them-hell"-Cowboy. Fast über Nacht trugen die jungen Leute wieder Truman-Plaketten. Eine Zeitung erinnerte an eine bemerkenswerte Episode in Trumans Leben: **Als er,** Vize-Präsident unter Roosevelt, von dessen Frau vom Tod seines Vorgängers erfuhr, rief Truman, nun neuer Präsident der USA, die Zeitungsreporter zusammen und sagte: „Ich weiß nicht, ob Kerle wie Ihr je eine Ladung Heu auf den Schultern trugen — oder ob Ihr je einen schweren Bullen auf Euch habt fallen fühlen. Letzte Nacht, als ich vom Tod des Präsidenten Roosevelt erfuhr, fielen der Mond, die Sterne und alle anderen Planeten auf mich herunter. Wenn Ihr Kerle je betet, bitte, betet jetzt für mich!"

Hätte ein Nixon oder ein Johnson diese Worte gesprochen, wir wären geneigt, darüber hinwegzulesen — darüber hinwegzuschweigen. Wir würden sie vielleicht nicht so genau nehmen, weil wir von Politikern so einiges gewohnt sind, weil wir nicht alles, was sie sagen, für die ehrlichsten Aussagen halten.

Anders bei Truman. Er hielt mit seiner Meinung nie hinter dem Berg. Er war ein offener Geradeaus-Mann — vielen zu offen, zu undiplomatisch. Um so mehr muß uns sein Wort an die Journalisten nachdenklich machen.

*HERR, wir vertun uns bisweilen bei unseren Mitmenschen. Wir halten uns zwar immer für verdammt gute Menschenkenner, aber so dann und wann müssen wir kleinlaut zugeben: das hätte ich dem nicht zugetraut, so kannte ich ihn/sie gar nicht; ich wußte nicht, daß der/die zu so etwas imstande ist! Donnerwetter, Hut ab!*

*Wir Einfaltspinsel! Wir Allesbesserwisser! Wir Siebengescheiten! Wenn es darum geht, von den andern gut zu denken, sind wir langsam. Schneller mit unseren Vor-Urteilen. Dennoch, HERR, wir wollen nicht aufgeben, wir wollen uns auch von einem Harry Truman sagen lassen, daß die andern oft ganz anders sind als wir meinen. Und auch: Daß sie alle füreinander etwas tun können, wenn sie wollen: nämlich beten!*

# Sie brachen das Brot hin und her

> WENN ABER NIEMAND
> SONST DA IST
> WENN SIE SONST
> NIRGENDWOHIN
> GEHEN KÖNNEN
> ES MÜSSTE DOCH SO SEIN
> DASS JEDER MENSCH
> WENIGSTENS IRGENDWOHIN
> GEHEN KÖNNTE
> DENN ES KOMMEN
> ZEITEN VOR
> WO MAN UNBEDINGT
> IRGENDWOHIN GEHEN MUSS
>
> F. M. DOSTOJEWSKIJ

In einer lutherischen Bibelübersetzung fand ich einmal folgende neutestamentliche Stelle: „Und sie gingen in ihre Häuser und sie brachen das Brot hin und her..."

Merken Sie, lieber Leser, worauf es mir ankommt? Auf das Brotbrechen auch, aber nicht in erster Linie. Sondern auf das „...hin und her". Eine wunderschöne Übersetzung, ob sie nun einer kritischen Prüfung standhält oder nicht, sinngemäß kann man es wohl kaum schöner ausdrücken, was die ersten Christen wirklich taten: sie gingen reihum in ihren Häusern, und sie brachen das Brot „hin und her": mal hier, mal dort, wo sie eben waren, wo sie sich jeweils trafen, wo Gemeinschaft war.

Wir Vorfahrt-für-Vernunft-Menschen bilden uns gar zu häufig ein, alles ließe sich per Argumenten und Diskussionen ins reine bringen, auch das Zusammenleben der Menschen. Dem ist aber nicht so. Vernunft allein, theoretisches Hin- und Herüberlegen allein hält keine Gemeinschaft zusammen, flickt

auch keine zerbrochene wieder.
Manchmal braucht es mehr als
den Kopf. Manchmal muß man
das Herz reden lassen. Mit dem
Herzen lieben. Mit dem Herzen
sprechen. Mit dem Herzen sehen.
Mit dem Herzen hören. Und das
geht meistens in aller Stille vor
sich. Ohne lautes Trara und ohne
Wortgefechte. Es vollzieht sich
im wortlosen Zusammensein, im
gemeinsamen Schweigen, im gemeinschaftlichen Beten, Handeln
und Opfern.

Das Brotbrechen der ersten Christen war genau das, was wir heute
mitunter bräuchten, um uns als
Menschen näher zu kommen.
Wenn wir es wieder fertig brächten, das Brot hin und her zu brechen, mal hier, mal dort, wenn
wir es ernst nähmen mit den Worten des Herrn, Seiner stets zu
gedenken, wo und wann immer
wir uns zusammentun, wenn wir
wirklich davon überzeugt wären,
daß, wo zwei oder drei in seinem
Namen versammelt sind, er mitten
unter uns ist, könnten wir uns
manche Konferenz ersparen.

Warum machen wir nicht irgendwann einmal den Anfang — mit
dem gemeinsamen Brotbrechen,
mit der Gemeinschaft, die auf
Christus aufbaut, mit dem Brot-Teilen, dem Brüderlich-Teilen,
dem Schwesterlich-Teilen?

*HERR, wir brauchen die Gemeinschaft. Jeder von uns braucht sie.
Wir brauchen ein Zuhause, ein
Daheim, etwas, wohin man gehen
kann, wenn Zeiten kommen, in
denen man das Alleinsein nicht
länger aushält, wenn nur noch die
Gemeinschaft uns tragen kann.*

*HERR, hilf uns, Gemeinschaft bilden und Gemeinschaft geben,
zeige uns anhand des Beispiels der
ersten Christen, wie schön es ist,
wenn Menschen in ihre Häuser
gehen und das Brot brechen —
hin und her.*

# Und lassen einen allein

---

WER
DIE MENSCHEN
KENNENLERNEN
WILL
STUDIERE
IHRE
ENTSCHULDIGUNGSGRÜNDE

FRIEDRICH HEBBEL

„Man soll nicht heiraten", sagte Brenig (eine Romanfigur bei Heinrich Böll) zu sich selbst, „sie gratulieren einem, schicken einem Blumen, lassen blöde Telegramme ins Haus bringen — und dann lassen sie einen allein."

Schriftsteller überspitzen die Situation, malen Schwarz-Weiß, wollen provozieren. Es gehört zu ihrem Stil. Um beachtet zu werden, muß man den müden Hund hinter der warmen Ofenbank des Wintertages erst einmal hervorlocken. Das gelingt selten mit einem abgenagten Knochen. Dazu braucht man ein feistes Stück Wurst oder einen für Hunde-Nasen attraktiven Hasenbraten.

Schriftsteller wissen das. Daher vergrößern sie, schildern Kontraste, entwerfen Einseitigkeiten. Aber der Kern ihrer Aussage — wenn wieder auf Normalgröße reduziert — ist meistens überdenkenswert: sie gratulieren, schicken Blumen und Telegramme — und dann lassen sie einen allein!

Viele von uns könnten da zustimmen. Mancher, der sich als Freund auswies, verschwand später spurlos im Getriebe des Alltags. Mancher, der uns einst gratulierte, hat nie mehr von sich hören lassen. Mancher, der uns riet, zuzupacken, wußte nachher nichts davon, lachte sich gar heimlich ins Fäustchen, endlich wieder einen auf den Leim geschickt zu haben. Wobei es sich gar nicht nur um die Ehe handeln muß. Es gibt Dutzende, Hunderte ähnlicher Situationen im Leben. In denen uns Freunde zuraten, gratulieren, Blumen und Telegramme schicken, und dann doch nur heimlich-spöttisch-schadenfroh sich davonschleichen.

Aber es wäre falsch, total falsch, dieser „untreuen" Freunde wegen nicht zu heiraten. Es gibt sie: gute Freunde, die einem ein Leben lang treu bleiben, auch in harten Tagen. Und die Ehe ist nicht so einsam, muß nicht so einsam sein, daß man sich nachher wie ein verlorener Trottel vorkommt. Die Ehe ist ein Leben in Gemeinschaft mit einem Partner — und, so Gott will, mit den Kindern. Auch in der Ehe wird es einsame Stunden geben. Stunden, in denen man sich einsamer fühlt als ein Einsiedler. Aber nur dann, wenn man das Geheimrezept des Eremiten nicht kennt. Der ist nämlich gar nicht einsam, gar nicht allein, der hat ein Du, das ihn beglückt.

*Dieses Du bist Du, HERR; niemand sonst in der Welt kann uns diese Einsamkeit nehmen. Auch nicht der Ehepartner. Wenn wir den Kontakt mit Dir nicht aufgeben, das Band (religio heißt Ver-bindung!) nicht von uns aus zerschneiden, Du bist immer bei uns — auch in den einsamsten Stunden eines Lebens zu zweit!*

# Die Story vom fetten Hund

ICH MAG
KEINE LEUTE
DIE ZUM NUTZEN
DER MENSCHHEIT
DIE BANANE
GRADEBIEGEN
WOLLEN

GÜNTER GRASS

Kennen Sie die Parabel vom fetten Hund? Ich will sie rasch erzählen. Ein amerikanischer Offizier stieß in Vietnam — als dort noch Krieg herrschte — auf einen dürren Hund am Straßenrand. Als er ihn streicheln wollte, hüpfte das Tier auf einen nahestehenden Lastwagen. Der Amerikaner fragte den Fahrer, was mit dem Hund geschehe? Dieser sagte, daß ihm — dem Hund — wohl das gleiche Los bevorstehe wie den vielen andern: er werde irgendwo in einen Kochtopf wandern. Hundefleisch sei sehr begehrt. Da überkam den Amerikaner das Mitleid, und er adoptierte das Tier. Der Hund erhielt sein regelmäßiges Fressen, meistens Cornedbeef, und hin und wieder sogar aus den USA eingeflogenes Hundefutter. Dann kam es in Vietnam zum Ende. Die amerikanischen Soldaten mußten das Land verlassen, die Kommunisten aus dem Norden rückten auf Saigon vor. Jetzt beschloß der Offizier, weil er nicht wollte, daß das Tier in jemandes Kochtopf wandere, es aber auch nicht den vorrollenden nordvietnamesischen

Truppen aussetzen wollte, den Hund den schmerzlosen „Gnadentod" sterben zu lassen...

Doppeltes Denken, doppelte Moral!?

Diese Frage ist berechtigt. Sehr sogar. Wenn es sich in der oben nacherzählten Parabel auch nur um einen Hund handelt, um ein Tier, das nicht denken und reflektieren kann, wenn man — von der allgemeinen Liebe zu den Tieren einmal abgesehen — rein menschlich sagen könnte: Auch die Vietnamesen hatten, von ihrer Lage aus gesehen, ein Recht auf den Hund. Für sie wäre es ja schließlich eine Mahlzeit gewesen; und in einem Land, wo man Hunde ißt, dürfte dies nicht anders sein als hierzulande, wo man ja auch nicht erst überlegt, ob man das Essen von Schweine- oder Rindfleisch als etwas betrachten sollte, was gegen die Moral des Menschen verstößt. Vielleicht haken hier Tierschutzvereinler ein. Na gut, auch sie haben ihre „edlen" Gründe. Letztlich aber wird sich der gesunde Hausverstand behaupten — denn Menschen müssen nun einmal von etwas leben. Und so ist es im ganzen Bereich der Natur.

Aber zurück zu jenem vietnamesischen Hund: Der Amerikaner hatte Mitleid und nahm sich des Tieres an, und dann, als die feindlichen Truppen vorrollten und er dem Hund nicht länger helfen konnte, erschoß er ihn — auch aus Mitleid.

Hundeschicksal, werden Sie sagen. Klar. Aber zum Nachdenken sollte uns diese Parabel doch anregen, sollte uns vorsichtig machen bei unseren Urteilen, könnte uns lehren: Es gibt viele Ansichten, mancherlei Haltungen, die sich nicht mit den unsrigen decken und in den Augen der andern korrekt sein dürften.

*HERR, nicht der doppelten Moral wollen wir das Wort sprechen, sondern dem Gewissen des einzelnen. Wer seinem Gewissen folgt, befolgt Dein Wort.*

# Wenn Schmoller
# Feste feiern

---

WO EINER SPRICHT
DER SPRECHEN MUSS
ABER NICHT
RECHTBEHALTEN MÖCHTE
DA SOLLTEN WIR
ZUHÖREN

REINHOLD SCHNEIDER

Horst/Jerry: Was frißt du in dich hinein? — Donata/Gittel: Ich fresse in mich hinein, nicht zu wissen, was du in dich hineinfrißt. — Horst/Jerry: Jeder frißt in sich hinein, nicht zu wissen, was der andere in sich hineinfrißt! (TV-Stück „Spiel zu zweit".)

Oh, wie labsam ist es doch zu wissen, daß der andere sich grämt, nicht zu wissen, was in unserem Gehirn vorgeht!

Der Schmoller feiert sein Fest. Er zelebriert es. Mit feierlich-ernster Miene schlurft er einher, geht dem andern aus dem Weg, vermeidet seinen Blick, fürchtet sich davor, von ihm angesprochen zu werden, möchte ganz bewußt weiterschmollen (weil's so wehwohl tut!), möchte sich in seinem Geheimratseckchen versteckt halten, möchte nun endlich einmal dem andern (den andern) demonstrieren, daß er beleidigt ist, daß man (die bösen andern!) ihm Schlimmes zugefügt hat, etwas so Schlimmes, daß es da kein Zurück mehr gibt. Auch die kniefälligsten Entschuldigungen will er nicht hören, möchte ihnen aus dem Weg gehen; denn, er weiß es, irgendwie, irgendwann könnte er seinem „Grundsatz" untreu werden, könnte das Schmollen aufgeben, könnte wieder zu reden, zu antworten beginnen. Das wäre das Ende von allem — das Ende des so wohlig-mollig muffligmaroden Schmollerdaseins. Und genau das will er ja verhindern, denn er weiß — aus Erfahrung! —, daß dies die einzige wirksame Waffe gegen die andern ist: Schmollen. Muffeln. Den Beleidigten spielen.

Pankratz, der Schmoller! Es hat ihn zu allen Zeiten gegeben. Es wird ihn auch ferner geben. Aber das darf uns nicht hindern, das Schmollen zu überwinden, andere beim Schmollen zu stören. Denn genau das ist es, was Schmoller nicht wollen, daß man sie aus ihrem „Laß-mich-allein-Winkel" herauslockt.

Was fressen wir so täglich in uns hinein! Jeder von uns! Weil wir nicht wissen, was der andere in sich hineinfrißt, heißt es im TV-Spiel. Warum weiß er es nicht? Weil der Dialog, das Gespräch, der Gedankenaustausch abgebrochen wurde. Weil wir unfähig geworden sind, uns mitzuteilen. Weil wir mißtrauisch wurden — dem/den andern gegenüber.

*HERR, keiner von uns kann über seinen eigenen Schatten springen. Wir kleben an unseren Schwächen und Fehlern, hätscheln sie — im falschen Glauben, damit eine Waffe gegen die andern zu haben. Lehre uns zu reden, uns mitzuteilen, uns auszusprechen, uns mit dem andern zu vertragen. Laß uns wissen, daß Schmollen Schwäche ist, und daß, wer auf den andern zugeht, einen neuen Anfang macht. Neuanfänge sind Zeichen der Hoffnung.*

# Haß zahlt sich nie aus

> ICH BIN GERN
> PATRIOT
> ABER VORHER
> MENSCH
> UND WO BEIDES
> NICHT ZUSAMMENGEHT
> GEBE ICH IMMER
> DEM MENSCHEN
> RECHT
>
> HERMANN HESSE

In der libanesischen Hauptstadt Beirut traf ich eine greise Araberin. In akzentfreiem Englisch erzählte sie mir, sie habe in Haifa ein Hotel besessen; 1948 hätten sie, ihr Mann und ihre Kinder Hals über Kopf alles stehen und liegen lassen müssen. Sie werde nie vergessen, wie übel die Juden sich ihnen gegenüber benommen hätten. Dann, heftig werdend und auf mich, den Touristen aus Deutschland, anspielend, sagte sie dreimal mit denselben Worten: „Adolf Hitler killed six Million Jews. A pity, he didn't kill them all!" (Hitler tötete sechs Millionen Juden. Schade, daß er sie nicht alle umgebracht hat.)

Selten habe ich mich so geschämt wie im Libanon, als Deutscher immer wieder Lobsprüche auf Hitler anhören zu müssen. Selten wurde mir so bewußt, wie tief der Haß zwischen Arabern und Israelis sitzen muß. Mit gemischten Gefühlen verließ ich eine Woche später das Land. Der schale Beigeschmack, wohlwollender aufgenommen zu sein, weil aus „Hitler-

deutschland" stammend, hielt noch lange an.
Die Bewunderung für Hitler ist — im Ausland, vor allem in Ländern Afrikas, Asiens und Lateinamerikas — im Wachsen. Nicht erst seit General Amins (Uganda) offenem Bekenntnis zum „Führer". Für viele Schwarz-Afrikaner — nebenbei gesagt, auch für viele Weiße im Süden des Erdteils! — bleibt Hitler ein Supermann, der die Welt in Schach hielt. Auf einer Musterfarm in Sambia rief mir einmal ein schwarzer Lehrer, nachdem er erfahren hatte, daß ich Deutscher sei, freudestrahlend zu: „Ich heiße Hitler." Als er geboren wurde, 1941, war Hitlers Name in aller Munde. Was lag damals für seine Eltern näher, als ihn Hitler zu nennen?
Mir ist nicht wohl bei so viel Lobhudelei für einen Massenmörder, wohl einen der größten Verbrecher aller Zeiten.
Woher kommt diese Verehrung für Hitler? Liegt es nur am Haß, an der Vergeltungssucht der Menschen? Sicher nicht so bei den Afrikanern. Sie bewundern den Führer, weil er Despot war, weil er den Engländern und Franzosen (ihren früheren Kolonialherren) den Krieg ansagte. Aber warum tun wir nicht mehr, die Menschen in der Dritten Welt über das Schreckliche des Hitlerregimes zu informieren? Liegt es außerhalb unseres Vermögens?

*HERR, Haß zwischen zwei Menschen ist etwas Grausames. Haß zwischen Völkern kann zum Unheil der Menschheit werden. Haß zahlt sich nie aus. Haß erzeugt Gegenhaß. Die Aug-um-Aug-, Zahn-um-Zahn-Theorie geht nicht auf. Weil keiner aufhört, weil keiner nachgibt. Was wir brauchen, HERR, sind Menschen, die an Dein Gebot, das größte aller Gebote, glauben und dementsprechend handeln: die Feinde zu lieben.*

*Laß uns, HERR, bei uns in unseren eigenen Reihen, in unserem Alltag damit ernst machen. Stehe uns bei, besonders dann und dort, wo es schwerfällt...*

# Manchmal genügt eine Rose

NICHTS SCHADET DEM MENSCHEN MEHR ALS VON NIEMANDEM GELIEBT ZU WERDEN

CATHERINE BENOLL

Von dem Romanschriftsteller Johannes Mario Simmel, ein Österreicher, stammt das Wort: „Es gibt Augenblicke, in denen eine Rose wichtiger ist als ein Stück Brot."

Man könnte weiterdichten: Es gibt Augenblicke, in denen ein Stück Brot wichtiger ist als eine fromme Rede. Es gibt Augenblicke, in denen ein Mensch, der liebt, das Wichtigste überhaupt ist.

Es gibt Augenblicke im Leben, in denen man auf alles verzichtet — auf Luxus, Reichtum, Gold und Diamanten; in denen man alles hergäbe für ein bißchen Liebe von Mensch zu Mensch; für ein klein wenig Zärtlichkeit; für ein Minimum an Verständnis; für ein Quentchen Freundschaft; für ein Milligramm Anerkennung; für alles, was man mit Geld und Gold nicht kaufen kann.

Alle Mächtigen und Reichen dieser Erde haben das erfahren. Kein Milliardär hat jemals Liebe mit Geld erkaufen können; keinem Onassis ist es je geglückt, sich per

Handelsflotten und Öltanker die
Liebe eines Menschen einzuhandeln;
keinem Schah von Persien
ist es gelungen, Liebe mit Diamanten aufzuwiegen.

Die Großen dieser Erde können
sich für all ihre Schätze auch nicht
mehr als satt essen; sie können
sich an einer Rose auch nicht mehr
freuen als ein Bettler; sie können
an einem Kinderlächeln sich nicht
glücklicher sehen als die einfache
Mutter im Bergdorf; sie haben
vom Schein des Mondes und dem
Funkeln der Sterne nicht mehr als
der Schafhirte auf der Weide; sie
können sich an den Schneeflocken
nicht mehr freuen als die Gassenbuben,
die von der Schule heimkehren;
sie können nicht sagen:
Die Sonne gehört uns — oder der
Regen — oder der Wind; sie sind
uns, was die Rosen anlangt und
die Sterne und die Luft, die wir
atmen, und das Lächeln der Kinder,
keinen Millimeter voraus.

Sie — die Mächtigen und Reichen
dieser Welt — müssen zugeben:
In der Tat, es gibt Augenblicke
im menschlichen Leben, in denen
eine Rose wichtiger ist als Dutzende
von Goldbarren, Edelsteinen,
Silberketten, Prachtschlössern,
Ferienbungalows, Urlaubsyachten...

*HERR, gib uns das rechte Augenmaß für die Dinge dieser Welt. Lehre uns, daß zum Glücklichsein manchmal eine Rose genügt, denn auch sie kann Zeichen der Liebe sein: Deiner Liebe zu uns und unserer Liebe zu den Menschen.*

# Was sollen Eltern solcher Kinder tun?

> ICH BEGINNE EINZUSEHEN
> DASS ES LEICHTER IST
> ZU BRENNEN
> DENN DEN FUNKEN
> IMMER LEBENDIG
> SPRÜHEN ZU LASSEN
> LEICHTER
> EIN LEBEN ZU BEGINNEN
> DENN ES SAUBER
> ZU BEENDEN
>
> TEILHARD DE CHARDIN

Ernesto Che Guevara zu zitieren, halten vielleicht manche Leser für eine Zumutung. Nun, verzeihen Sie mir, aber ich will Ihnen etwas zumuten. Lesen Sie erst dieses Kapitelchen zu Ende, ehe Sie mit dem Kopfschütteln beginnen. „Meine Lieben", so schreibt Che Guevara in seinem letzten Brief an seine Eltern, „ich spüre von neuem zwischen meinen Beinen die Rippen Rosinantes. Ich bin wieder unterwegs... Ich habe mich nicht viel geändert, außer daß sich mein Marxismus und mein sozialistisches Bewußtsein vertieft und geläutert haben... Ich bin in meinen Ansichten konsequent. Dieser Brief wird vielleicht der letzte sein. Nicht, daß ich's wünschte, aber es ist durchaus möglich. Wenn es so sein sollte, küsse ich euch ein letztes Mal. Seid herzlich umarmt von eurem verlorenen und widerspenstigen Sohn Ernesto."

Soweit das Briefzitat. Nun, lieber Leser, wollen wir einmal gemeinsam darüber nachdenken: Wie mag den Eltern zumute gewesen sein? Daß sie Marxisten/Kommunisten waren, ist nicht anzunehmen. Daß sie gegen den bewaffneten Kampf waren, hat Che Guevara des öfteren bestätigt. Er nennt sich selbst einen verlorenen und widerspenstigen Sohn.

Wie vielen Eltern geht es ähnlich! Sie zogen Kinder groß, taten für sie, was sie **nur konnten, und** dann, flügge geworden, scherten diese sich nicht länger um den Rat der Eltern, gingen auf und davon, schlossen sich linken Gruppen an, vertraten nun antikirchliche, atheistische Parolen und dergleichen mehr.

Was sollen Eltern solcher Kinder tun? Grollen? Sich in den letzten Schlupfwinkel zurückziehen? Die eigenen Söhne und Töchter enterben, aus dem Hause jagen?

Oder vielleicht doch hoffen — hoffen auf die Zeit der möglichen Umkehr? Und wenn diese Umkehr nicht stattfindet, wenn die Eltern umsonst hoffen?

*HERR, erinnere die Kinder an das Gebot, das Du allen Menschen gabst — an das vierte! Erinnere sie immer wieder daran, daß sie ihren Eltern — bis ins hohe Alter hinein — etwas schulden. Mache aber auch die Eltern verantwortlich für ihre Kinder, auch für die schon erwachsenen. Es ist nie zu spät, für die Kinder zu beten. Die Eltern Che Guevaras, des Sozialrevolutionärs aus Südamerika, verstanden nicht, was ihr Sohn dachte, warum er zum Gewehr griff. Sie haben ihn aber, wenn sie echte Eltern waren, dennoch nicht verworfen, nicht abgeschrieben. Sie haben gehofft, immer wieder gehofft — und, **hoffentlich, auch gebetet** ...*

# Sie predigen kein Wasser

> ALTE MÄNNER
> UND KOMETEN
> SIND AUS DEM GLEICHEN
> GRUND VEREHRT WORDEN
> IHRER LANGEN BÄRTE
> UND DES ANSPRUCHS WEGEN
> EREIGNISSE
> VORAUSZUSAGEN
>
> JONATHAN SWIFT

In Colombo, der Hauptstadt von Sri Lanka (Ceylon), bin ich bei einer Beamtenfamilie eingeladen. Die älteste Tochter ist zu Besuch, sie will einen jungen Engländer heiraten. Sie arbeitet als Krankenschwester in einem Londoner Hospital und hat ihn mitgebracht. Die Familie will dem jungen Pärchen zuliebe ein festliches Essen geben. Wir unterhalten uns in gelockerter, freundschaftlicher Atmosphäre. Nur der junge Mann scheint sich nicht recht wohl zu fühlen. Oder tut er nur so? Will er provozieren? Er ist ein bärtiger Gammlertyp, trägt ein Hakenkreuz auf der Brust („Das hat mit Hitler nichts zu tun", erklärt er mir, „es ist ein uraltes indonesisches Symbol und steht für Stärke und Energie; das sich drehende Kreuz ist das Zeichen für Dynamik, mein Symbol!") und hat schulterlange Haare. Er ist ein Neunmalkluger. Für ihn könnten sämtliche Probleme der Erde im Handumdrehen gelöst werden, wenn man sich endlich entschlösse, alle Völker zur gesetzlichen Geburtenkontrolle zu verpflichten.

Er ist „Vorkämpfer für eine bessere Welt", hält sich für einen Humanisten.

Ob er ahnt, wie wenig ernst ich seine Argumente nehme?

*HERR, viele haben schon versucht — zu allen Zeiten und Epochen —, die Welt aus den Angeln zu heben, die Welt zu verändern, sie zu verbessern, sie zu einem Schlaraffenland, einem Paradies auf Erden zu machen.*

*Die meisten waren Bluffer, Scharlatane. Sie meinten, mit hausgemachten Rezepten ganze Kontinente füttern zu können; sie bildeten sich ein, den Menschen Menschliches aufzwingen zu müssen; sie schmiedeten grandiose Pläne — für die anderen —, ohne daran zu denken, daß der Mensch einen freien Willen hat, sowohl zum Guten wie zum Bösen.*

*Es hat Weltverbesserer und Welt-Erneuerer en masse gegeben. Fast alle scheiterten auf irgendeine Weise, meistens, weil sie die Wirklichkeit zu wenig oder überhaupt nicht berücksichtigten. Sie meinten, andere müßten nach ihrer Pfeife tanzen — dann entstünde eine friedvolle Welt schon ganz alleine.*

*HERR, ich bin skeptisch geworden — solchen Welterneuerern gegenüber. Nichts gegen jene, die etwas für die Menschen tun, die ihnen helfen. Es gibt einige sehr bemerkenswerte unter unseren Zeitgenossen. Aber sie schlagen keinen Schaum, sie predigen kein Wasser, um nachher um so mehr Wein für sich selbst zu haben. Sie tun ihre Pflicht — und die ganz. Sie glauben an die Menschen und an Dich, der sie geschaffen hat. Sie sind überzeugt, daß Du die Menschen nicht im Stich läßt, auch nicht, wenn es um so heikle Fragen geht wie das Überleben von Millionen.*

# Einfach so mir nichts, dir nichts!

ALLE DINGE
DIE WIR SAGEN
SIND SCHON EINMAL
GESAGT WORDEN
ABER WERTVOLL
WAREN SIE IMMER NUR
FÜR JENE MENSCHEN
DIE IHRE WAHRHEIT
ERKANNT HABEN

JOHANNES MARIO SIMMEL

Eigenartig, wie Worte und Satzteile einen anderen, mitunter tieferen oder auch hintergründigen Sinn erhalten, sobald man den etymologischen Wortinhalt, die Wortbedeutung oder die Herkunft des Wortes, herausschält.

Was meinen wir, wenn wir sagen: Einfach so mir nichts, dir nichts?

Heißt es: Ohne nachzudenken? Ohne viel Federlesens (schon wieder ein Vergleich, ein Bild!)? Ohne zu überlegen? Einfach so! Eben: einfach so mir nichts, dir nichts!?

Wie bitte? Mir nichts! Und auch: dir nichts! Also weder mir noch dir!? Heißt es, wenn es mir nichts wert ist, dann soll es auch dir nichts wert sein, dir nichts nützen?

Was mir nicht schadet, wird auch dir nicht schaden?
Wenn es mir keinen Vorteil (nichts!) einbringt, dann dir auch nicht.
Einfach so: mir nichts, dir nichts —
ins Blaue hinein ...

Lieber Leser, werden Sie bitte nicht ungeduldig, wenn ich hier die Wortspiele ins Extrem geführt habe. Aber Sie werden doch zugeben müssen: Manchmal geht uns plötzlich der Wort-Sinn auf, wenn wir das betreffende Wort langsam zwischen den Lippen kauen.

Ich denke an andere Worte, die viel bedeuten, etwa an das Wort Kumpan. Kumpan, Sie wissen doch, was ich meine! Ja, mein Kumpan ist einer, der ... Na, sehen Sie, Sie wissen genau, was ich sagen will. Kumpan ist einer, der ...

Was für einer? Kumpan kommt vom Lateinischen „cum pane" (mit dem Brot) — und mein Kumpan ist also einer, mit dem ich mein Brot teile!

Also nicht so: mir nichts, dir nichts, sondern: mir ein Stück, dir ein Stück. Mir eine Scheibe, dir eine Scheibe. Weil du mein Kumpan bist, einer, mit dem ich teile ...

*HERR, es ist etwas Wunderbares und Aufregendes zu wissen, daß wir uns verständigen können — mit Worten Sätze zusammenbasteln und von anderen gebastelte Sätze verstehen können. Nur der Mensch ist dazu in der Lage. Tiere haben auch ihre „Sprachen", ihre Verständigungslaute. Aber verstehen, hintergründig begreifen können sie nicht. Nur wir Menschen sind dazu fähig. HERR, wir danken Dir für diese Gabe. Wir wollen sie richtig gebrauchen, nicht so mir nichts, dir nichts, sondern be-wußt, dank-bar, brüderlich-schwesterlich — wie Kumpane!*

# Die dünne Haut der Luftballons

> SIE SCHELTEN
> EINANDER
> EGOISTEN
> WILL JEDER
> DOCH NUR
> SEIN LEBEN
> FRISTEN
> WENN DER
> UND DER
> EIN EGOIST
> SO DENKE
> DASS DU ES
> SELBER BIST
>
> GOETHE

Sie: Hör endlich auf damit! Du kannst nicht immerzu nein sagen zu dieser Welt, in der du lebst.

Er: Kann man denn ja sagen zu einer Welt, in der man nicht nein sagen darf?

Sie: Du mußt nicht nur mit den andern leben, die andern müssen auch mit dir leben...

Gesprächsfetzen aus Günter Radtkes Roman: Die dünne Haut der Luftballons. Gespräche, wie wir alle sie gelegentlich einmal führen, vielleicht nicht so gekonnt, stilistisch nicht so sauber, aber inhaltlich etwa gleich.

Wir sagen nein, weil wir meinen — Irrtum! —, nicht die Wahl zu haben, nein sagen zu dürfen. Also aus Trotz. Jetzt erst recht!

Denen werde ich's mal zeigen! Denen wird Sehen und Hören vergehen! Ich bleibe bei meinem Nein — und wenn der Papst auf den Knien angerutscht kommt. Mal sehen, ob man meinen freien Willensentscheid nicht doch ernstnimmt!

Wir Protestler, wir Allesverneiner, wir Siebengescheiten, wir Neunmalklugen! Wir meinen, mit unserem Nein zur Welt und zu den andern etwas Originelles „erfunden" zu haben. In Wirklichkeit benehmen wir uns wie freche Lausbuben, die den andern, die ihnen ein Schnippchen schlugen, ein Ätschi zurufen: Macht nichts, wir machen unsere eigene Welt, die Welt der Ewig-Neinsager. Wenigstens etwas, was wir uns selbst schufen. Oh, wie wohl kann hausgefertigte Traurigkeit sein! Wie mollig das Gefühl, in der eigenen Melancholie baden zu gehen! Wir kommen uns vor wie ein Seehund auf einer schwimmenden Eisscholle, die von einem Motorboot ins Tau genommen wurde; er könnte abspringen, will aber nicht: weil das Ins-Tau-genommen-Sein auch Spaß macht — und Angst, mordsmäßige Angst sogar. Aber auch die gehört dazu, das prickelnde Gefühl, nicht zu wissen, was dann kommt. Vor allem aber: Wir können uns an unserem Nein festklammern. Neinsagen als etwas Heldenhaftes?

*HERR, wir alle haben die dünne Haut der Luftballons, auch wenn wir vortäuschen, die von Elefanten zu besitzen. Wir sind schnell beleidigt, ziehen uns selbst aus dem Verkehr, wimmern und jammern uns ins Neinsagen hinein. Und vergessen darüber, daß es bei allem menschlichen Zusammenleben nicht allein darum geht, wie wir mit den andern auskommen, sondern auch darum, inwieweit wir es den andern ermöglichen, mit uns auszukommen. Ehe wir dies lernen, müssen wir wissen: Wer sich annimmt, hat die Chance, von den andern angenommen zu werden!*

# Worüber Zeitungen schweigen

> WAS IN DER ZEITUNG STEHT
> IST NICHT HALB SO WICHTIG
> WIE DAS WAS NICHT DRIN STEHT
>
> KURT TUCHOLSKY

„Es müßte Zeitungen geben", schrieb Christian Morgenstern vor über 60 Jahren, „die immer das mitteilen, was *nicht* ist: keine Cholera, kein Krieg, keine Revolution, keine Mißernte! Die tägliche Freude über die Abwesenheit großer Übel würde zweifellos die Menschen fröhlicher machen."

Es müßte Zeitungen geben, die von jenen „Stillen" im Lande berichteten, die auf keiner Titelseite der großen Illustrierten auftauchen, die keine Tagesschau interviewt, die kein Wochenmagazin für wichtig hält, die tagtäglich über-gangen, über-sprungen werden, weil sie nicht schlagkräftig genug erscheinen, weil sie zu wenig Wind und Wirbel um sich machen, weil sie nicht auffallen.

Was fällt auf? Wer erregt die Neugierde der Presse, der Radioleute, des Fernsehens?

Wer etwas zu verkaufen hat? Wer sich selbst ins Rampenlicht rückt? Wer von anderen (bezahlten Werbeleuten) geschickt ins Rampenlicht gesetzt wird? Wer wer ist? Wer ist wer?

Sie, lieber Leser, sind wer! Und ob sie wer sind! Niemand in der Welt kann sie ersetzen. Keiner von den vier Milliarden, die zur Zeit leben; keiner derer, die vor Ihnen da waren; keiner von denen, die nach Ihnen kommen werden. Sie sind wer! Sie tun, nehme ich an, Ihre Pflicht, tun sie gut und treu. Sie sind Hausfrau, Mutter, Vater, Bruder, Chef, Angestellter, Arbeiter, Verkäuferin, Vorarbeiter, Lehrer, Beamter ... Sie sind wer! Und Sie leisten etwas. Sie tragen etwas bei für die Gesellschaft, für den Staat, für die Menschheit! Klar! Winken Sie nicht allzu bescheiden ab: Tu ich ja nur für die Familie, für Frau und Kinder, für meinen Mann, für die Eltern ... Gewiß, aber darüber hinaus wirken Sie für die ganze Menschheit — im Sinne des göttlichen Auftraggebers, des Schöpfers dieser Welt.

Auch das, jawohl, auch das müßte einmal laut gesagt werden. Auch darüber müßte einmal geschrieben werden!

Aber die Zeitungen schweigen sich aus. Das Radio bringt Schlager. Das Fernsehen Krimis. Unterhaltung für die anderen. Entspannung für jene, die auch nicht in der Zeitung stehen!

*HERR, es ist gut zu wissen, daß wir bei Dir nicht vergessen sind, daß Du über uns Bescheid weißt, auch wenn die Zeitungen unsere guten Werke verschweigen. Es ist gut zu wissen, daß es Dich gibt, den guten und gerechten und allwissenden Gott.*

# Warten, bis man recht bekommt

> DEMOKRATIE
> IST WIE DAS SALZ
> IM WASSER
> ES VERTEILT SICH
> SOFORT ÜBERALL
> DESHALB IST ES
> UNMÖGLICH
> BLOSS EIN BISSCHEN
> DEMOKRATIE
> ZU ERLAUBEN
>
> IGNAZIO SILONE

Im Umgang mit der Politik könne man nicht immer von vornherein nur recht haben. Manchmal müsse man auch warten, bis man recht bekomme. — So formulierte es Franz Josef Strauß kurz nach seinem spektakulären Besuch bei Mao Tse-tung in Peking.

Was Strauß auf die Politik anwendet, darf man verallgemeinern: Im Umgang mit Menschen verschiedener Nationalitäten und Rassen kann man nicht immer und schon gar nicht immer von vornherein nur recht haben. Auch im Umgang mit Menschen muß man warten können, bis man am Ende vielleicht doch recht bekommt.

Mit anderen Worten: Wer mit Menschen auskommen will, muß Geduld haben, muß sich in der Geduld üben. Auch dann, wenn er sich im Recht glaubt, wenn er felsenfest davon überzeugt ist, daß der andere, früher oder später (meistens zu spät!), einsehen wird, daß man im Recht ist — auch dann muß man Geduld wahren, muß dem andern Zeit lassen, muß zusehen und warten, bis man „recht bekommt".

Dabei kommt es nicht darauf an, daß man recht *bekommt,* sondern daß sich das Rechte, das Richtige, das Gute durchsetzt. Und um dem Rechten, dem Richtigen, dem Guten zum Durchbruch zu verhelfen, brauche ich — auch im privaten und persönlichen Leben — die Zustimmung des andern oder doch seine Einsicht, daß ich/wir es gut mit ihm meinen.

Gutes und Rechtes darf man nicht erzwingen wollen. Das Gute braucht oft viel Zeit, bis es als solches erkannt und akzeptiert wird. Dabei dürfen wir nicht drängeln, nicht Ultimata setzen, nicht von oben runter argumentieren: Hab's ja schon immer gewußt! Seht, schon vor zehn Jahren habe ich euch das prophezeit! Jetzt endlich, na also! Bitteschön — Ihr Spätlese vom letzten Jahrhundert!

Nein — so nicht! So dürfen wir nicht mit denen umspringen, die unsere Argumente und guten Motive nicht sehen, noch nicht einsehen. Wir müssen warten lernen, bis sie be-greifen, müssen warten, bis sie uns recht geben.

Aber wir dürfen auch nicht blockieren im Sinne von: Recht hast, aber recht geb ich dir nicht! Auch so nicht! Jeder von uns muß sich mühen, den Standpunkt des andern zu verstehen — oder doch zu respektieren, bis wir unsere unterschiedlichen Motive verstehen.

*HERR, befreie uns von dem Übel, immer und überall recht haben zu müssen. Aber lehre auch die, die uns ihre Meinung aufdrängen wollen, daß sie — aus Respekt vor der Freiheit jedes Menschen — manchmal warten müssen, bis wir ihre Argumente begreifen. Hilf uns, gegenseitig aufeinander zu warten.*

# Die vornehmen Primitiven

DIE MENSCHEN SIND
ZUR SCHÖNHEIT
AUFGERUFEN
DER GEIST
SCHÖNHEIT ZU DENKEN
DIE AUGEN
SCHÖNHEIT ZU SEHEN
DIE OHREN
SCHÖNHEIT ZU HÖREN
DIE ZUNGE
SCHÖNHEIT ZU KÜNDEN
DIE HÄNDE
SCHÖNHEIT ZU FORMEN
DAS HERZ
SCHÖNHEIT IN DIE WELT
ZU TRAGEN

SCHÖPFUNGSGESANG
DER TAOS-INDIANER

Im Urwald-Dschungel der philippinischen Insel Mindanao wurde in den 60er Jahren ein Stamm entdeckt, der keinerlei Kontakte zur Außenwelt hatte und von den Völkerkundlern als einer der „primitivsten" der Erde betrachtet wird. Der amerikanische Zeitungsreporter John Nance hat in mühsamer Kleinarbeit zehn Jahre lang Details über diese Leute gesammelt. Er nennt sie „die vornehmen, die noblen Primitiven". Sie besitzen keinerlei Waffen und haben auch keine Begriffe für die Wörter: Feind, Krieg, töten, böse. Sie benützen dasselbe Wort, „mafeon", für gut und schön, womit sie etwas sehr Richtiges aussagen; denn wer gut ist, ist auch schön. — Balayan, der „Stammespoet", erklärte, was sie unter Seele verstehen, folgendermaßen: „Die Seele könnte der Teil von dir sein, der die Träume sieht." Und auf die bohrende Frage eines Ethnologen, ob seine Leute zu den Felsen beteten, schüttelte er verächtlich den Kopf und fragte zurück: „Betet etwa ihr zu den Steinen?" — Die Tasaday, so nennen sich diese Urwaldmenschen selbst, wurden schließlich der westlichen Wissenschaftler und ihrer Fragerei überdrüssig und zogen sich wieder in den Dschungel zurück. Einer von ihnen sagte vorwurfsvoll: „Wir können diese lauten Stimmen und scharfen Blicke (der Fremden) nicht länger ertragen."

Ich habe mich gefreut, als ich las, daß es Urwaldmenschen gibt, die für gut und schön dasselbe Wort haben; als ich erfuhr, daß sie die Wörter Krieg, Feind, töten, böse überhaupt nicht kennen; als mir schwante, daß Gott bei ihnen gewesen sein muß, ehe der weiße Mann kam.

Ich bin kein Völkerkundler, ich bilde mir nicht ein, die Sitten und Bräuche der Tasaday erklären zu können. Aber das wenige, was uns der Amerikaner von diesen Menschen überliefert hat, genügt, um mir zu sagen, daß das Wort „primitiv" in unserer landläufigen Deutung für diese Leute nicht zutrifft. Es wäre eine Verleumdung! Sie sind nicht „unter-entwickelt-primitiv", eher primitiv im Sinne von ur-sprünglich, ur-tümlich, ur-zuständlich.

*HERR, wir könnten lernen von diesen einfachen Menschen, wir aufgeblasenen, stolzen kultur- und zivilisationsbewußten Westeuropäer. Wir könnten lernen, wieder demütig zu werden, auch dankbar für alles, was wir haben.*

*HERR, laß uns wieder ur-zuständlich denken, denn das heißt doch u. a. auch: verbunden sein mit Dir, dem Ur-heber alles Daseins. Laß uns nachdenken über das Wort jener philippinischen „vornehmen Primitiven", das sie dem amerikanischen Reporter zum Abschied sagten: „Let us call all men one man" — Laßt uns alle Menschen einen Menschen nennen.*

# Einen anständigen Beruf erlernen

DER MENSCH
WÄHLT NICHT
ER FOLGT SEINER NATUR
UND SEINER BERUFUNG
UND GOTT IST ES
DER WÄHLT

FRIDTJOF SCHUON

Der 14jährige Heinzjürgen war zusammen mit gleichaltrigen Jungen und Mädchen in einem benachbarten Missionshaus, um sich eine Dia-Reihe über die Arbeit der Patres und Brüder anzusehen. Die Jugendlichen hatten viel Spaß dabei. Später, unter vier Augen, äußerte Heinzjürgen den Wunsch, selbst einmal Missionar zu werden. Der Pater verwies ihn zunächst auf die Studien (Heinzjürgen besucht noch das Gymnasium) und daß er sich alles im Laufe der kommenden Jahre reiflich überlegen solle. — Es vergingen keine zwei Wochen, da kam Heinzjürgen abermals zum Pater, um ihm zu sagen, daß seine Eltern ihm verboten hätten, ihn bzw. das Missionshaus zu besuchen. Sein Vater habe getobt, als er, Heinzjürgen, andeutete, er wolle eventuell später einmal Priester und Missionar werden: „Du wirst Metzger und übernimmst unser Geschäft. Und damit basta! Schlag dir bloß diese krummen Gedanken aus dem Kopf! Missionar? Als ob das ein anständiger Beruf wäre! Daß ich nicht lache — das werden doch nur die Dummen und Doofen!"

Lieber Leser, vielleicht werden Sie jetzt brummen: Ne, sowas! Das darf doch nicht wahr sein! Aber es ist wahr — und so, wie oben beschrieben, im Jahre 1975 geschehen. Ich habe an der „Geschichte" nur den Namen geändert und den Beruf des Vaters. Alles hat sich so, fast wörtlich, abgespielt!

Schlimm, sehr schlimm; denn Heinzjürgens Eltern sind keineswegs antikirchlich eingestellt. Sie gehen treu und brav jeden Sonntag zur Messe; sie meinen in der Tat, gute Christen zu sein.

Aber — auch das müssen wir einmal ganz deutlich sagen — bei aller Liebe zum Sohn, aus dem die Eltern etwas machen wollen (einen „anständigen" Beruf soll er lernen, meinte doch der Vater) —, hier wird nicht nur der Beruf des Priesters und Missionars verpönt, hier wird ein junger Mensch geradezu „vergewaltigt". Mit welchem Recht tun das die Eltern? Nur weil ihnen eine Metzgerei, auf die sie so stolz sind, so lieb und teuer ist? Dürfen sie deswegen die Priester und Missionare derart in den Dreck ziehen, um ihrem eigenen Sohn diesen Beruf madig zu machen?

Glauben diese Eltern wirklich an das, was sie sagen? Oder ist es nur ein übler pädagogischer Trick? Und: Haben diese Eltern noch nie etwas von Be-rufung gehört? Von dem Sprichwort: Viele sind berufen, wenige nur auserwählt?

*HERR, gib unseren Eltern Einsicht. Lehre sie, hellhörig zu werden auf den Anruf Deiner Gnade. Und erfülle jene mit gesundem Stolz, die bereit sind, eines — oder mehrere — ihrer Kinder Dir und Deinem Dienst zu überlassen. Schenke uns geistliche Berufe! Und Eltern, die sie fördern.*

# Die Chance
# der Bärenraupe

AUS DER ERKENNTNIS
DES TODES
ERWÄCHST UNS
DAS LEBENSBILD
NUR AUS DER TOTENMASKE
ERHEBT SICH
DAS WAHRE ANGESICHT
NUR AUS DEM GRAB
DIE AUFERSTEHUNG
NUR AUS DER VERGÄNGNIS
DAS ZEICHEN DER EWIGKEIT

CARL ZUCKMAYER

Keine Chance. Sechs Meter Asphalt. Zwanzig Autos in einer Minute. Fünf Laster. Ein Schlepper. Ein Pferdefuhrwerk. — Die Bärenraupe weiß nichts von Autos, Fußgängern, Radfahrern, Mopeds. Sie weiß nur, daß jenseits der Straße Grün wächst, herrliches Grün, vermutlich freßbar. Sie hat Lust auf Grün. Man müßte hinüber ... Sie geht los — auf Stummelfüßen. Zwanzig Autos in der Minute! Sie geht los ohne Hast, ohne Furcht, ohne Taktik. Fünf Laster. Ein Schlepper. Ein Pferdefuhrwerk! Sie geht los — und geht — und geht — und geht — und kommt an! (Nach R. O. Wiemer.)

Haben Sie, lieber Leser, schon einmal eine solche Szene beobachtet? Eine Raupe beim Überqueren einer belebten Straße? Oder einen Regenwurm? Oder ein winziges Käferchen? Oder eine Schnecke?

Ich bin sicher, Sie kennen ähnliche Bilder. Vielleicht liefen Sie weiter — ohne darüber nachzudenken. Vielleicht freuten Sie sich gerade an den danebenstehenden Blumen, an dem Gesang der Vögel, an der auf- oder untergehenden Sonne.

Kein Vorwurf also, wenn Sie noch niemals über die Situation einer Bärenraupe beim Überqueren einer Asphaltstraße nachsannen. Ich kam auch erst durch die Schilderung Wiemers darauf. Und ich hielt plötzlich inne: In der Tat, sagte ich mir, ein kleines Wunder! Oder meinen Sie nicht? Nun, man könnte einwerfen: die Raupe weiß ja nicht, was sie tut, sie kriecht einfach drauflos. Sie hat keine Ahnung, was sie auf der Straße erwartet, wie schwierig es ist, hinüberzukommen, wie viele bei dem gleichen Versuch auf der Strecke geblieben sind. Sie weiß es nicht. Sie kümmert sich nicht drum. Und doch. Irgendwie steht das Beispiel mit der Bärenraupe sinnbildlich für uns alle.

Müssen wir uns nicht doch manchmal vorhalten, zu zaghaft zu sein, zu furchtsam, zu über-legt? Stimmt es, daß wir zu wenig Vertrauen haben? Und zu viel Furcht? Und daß wir nur selten daran denken, daß über allem, was auf dieser Erde geschieht, einer wacht, der uns wohlgesonnen ist, der es gut mit uns meint, der will, daß wir ihm vertrauen — auch in ausweglosen Situationen?

*HERR, ein wenig mehr Vertrauen, ein Quentchen mehr Mut, eine Unze mehr Courage täte uns allen wohl, aber Mut, Courage und Vertrauen stets im Hinblick auf Dich, der Du uns die Chance einräumst, wie Du sie jeder Bärenraupe gibst. Mach uns Mut, unsere Chance zu nützen. Täglich von neuem! Auch und gerade im Angesicht des Todes. Auch der Tod ist eine Chance — näher, HERR, bei Dir!*

# Was Hänschen nicht lernt ...

---

DAS GUTE BEISPIEL
IST NICHT NUR
EINE MÖGLICHKEIT
ANDERE MENSCHEN
ZU BEEINFLUSSEN
ES IST
DIE EINZIGE

ALBERT SCHWEITZER

Eine Mutter saß mit ihrem 4—5jährigen Töchterchen in einem Eisenbahnabteil. Das Mädchen benahm sich ziemlich frech und vorlaut, riß einer Dame die Zeitung aus der Hand, fummelte einem Herrn an der Brille herum, ohne irgendein Wort der Mahnung von seiten der Mutter. Auch dann nicht, als die Kleine der Dame vors Schienbein trat. Die „Getroffene" forderte schließlich die Mutter des Kindes auf, es zurechtzuweisen. Da begehrte die junge Frau auf: „Was denken Sie bloß!? Das kann ich doch nicht tun. Mein Kind wird antiautoritär erzogen! Man muß es gewähren lassen ..."

Da erhob sich ein bärtiger, junger Mann, vielleicht 19 oder 20 Jahre alt, einer von jenen als verfilzt und vergammelt verschrieenen Typen, spuckte der Mutter freiweg ins Gesicht und setzte sich wieder — ohne auch nur ein Wort zu sagen. Die junge Frau, empört über das rüpelhafte Benehmen des Jünglings, schrie voller Wut und Geifer, was ihm denn einfalle, so eine Flegelei, sie werde ihn auf der Stelle anzeigen, jawohl, sie werde sofort den Schaffner rufen und die Polizei und ihn rauswerfen lassen ...

Der junge Mann lächelte, nicht im geringsten vom Wortschwall der jungen Frau berührt. Er lächelte immer noch, als diese erneut zu schimpfen begann. Doch dann unterbrach er sie ruckartig und entgegnete, nicht ohne Ironie: „Was wollen Sie eigentlich? Warum schreien Sie so mit mir? Auch ich wurde anti-autoritär erzogen!"

Diese Episode könnte erfunden sein. Sie ist es nicht. Sie hat sich mit ungefähr diesen Worten abgespielt.

Ich weiß nicht, was die junge Frau dem „Gammler" antwortete. Vielleicht errötete sie ein wenig. Hoffentlich!

Vielleicht stahl sie sich klammheimlich davon — mit ihrem anti-autoritär erzogenen Töchterchen. Vielleicht machte sie sich aber auch später noch Gedanken über diesen Vorfall. Ich hätte es mir gewünscht.

*HERR, es ist schon immer so gewesen — und, wenn nicht alles täuscht, wird es so bleiben: Wir lernen nur aus der eigenen Erfahrung — und über das Beispiel. Das gute Beispiel der Eltern ist wichtiger als alles andere bei der Erziehung der Kinder. Modernistische Parolen von einer moralfreien, zweckfreien Erziehung bleiben dummes Zeug, wenn die Eltern ihren Kindern nicht frühzeitig auch den nötigen Anstand beibringen, den jeder Mensch lernen muß, um später mit anderen auszukommen. Ob es so ganz falsch war, was unsere Großeltern sagten: Was Hänschen nicht lernt, lernt Hans nimmermehr?*

# Das Happening von Johannesburg

ES IST BITTER GENUG
TORHEITEN
ZU BEGEHEN
NOCH BITTERER ABER
SIND VERGEBLICHE
TORHEITEN

HEINRICH BÖLL

Es war fast wie im Alten Rom. Die Menge war sensationshungrig. Sie wollte was erleben. Wollte auf ihre Rechnung kommen.

Ein makabres Schauspiel, nicht in einer antiken Arena, sondern im südafrikanischen Johannesburg! Auf einer Balkonbrüstung im sechsten Stockwerk eines Wohnhauses hockte ein junger Mann. Er war lebensmüde, wollte sich hinabstürzen. Hinter ihm stand ein Helfer von der „Zentrale für Selbstmordverhütung", der ihn von seinem Vorhaben abbringen wollte. Unten auf der Straße wartete eine Meute von mehreren tausend Sensationslüsternen. Zwei Stunden lang schrie sie in Sprechchören zum jungen Mann hinauf: „Spring doch, spring doch!" Schließlich tat er der Menge den Gefallen, er stürzte sich hinunter — stürzte sich zu Tode. Die Leute hatten ihr Schauspiel, ihre Unterhaltung, hatten „panem et circenses". Der Helfer von der „Zentrale" erklärte später, er habe mit dem jungen Mann gerungen, ihn immer wieder aufgefordert, von seinem Vorhaben abzulassen, aber der Mob habe ihn geradezu angefeuert, so daß er nach zwei Stunden wohl das Gefühl gehabt haben mußte, springen zu müssen, um die Massen zu befriedigen — „wie ein Schauspieler, der sein Publikum nicht enttäuschen will".

Das schauerlich grausige „Happening" von Johannesburg hatte noch einen anderen bitteren Beigeschmack: Ein Sprecher der Feuerwehr, der vorgeworfen worden war, daß sie kein Netz aufgespannt hatte, entschuldigte sich damit, man habe zwar ein Netz bereitgehalten, die Polizei habe sie — die Feuerwehr — jedoch nicht gebeten, es aufzuspannen. „Wir arbeiten auf Anweisung der Polizei", sagte der Sprecher.

Der Zeitungsmeldung war nicht zu entnehmen, ob es sich um einen Schwarzen oder Weißen handelte. Die Art und Weise, wie sich Polizei und Feuerwehr verhielten, läßt auf einen Schwarzen schließen. Noch mehr Grund zum Nachdenken!

*HERR, es ist schlimm, wenn Menschen so handeln; wenn sie (in diesem Falle waren es wohl überwiegend oder ausschließlich Schwarze!) den Mitmenschen zum Objekt ihrer Schaugier machen; wenn sie, statt zu helfen, statt Mut zum Leben zu machen, zum Sprung in die Tiefe — und damit in den Tod — aufheizen. Es ist schrecklich, wenn Menschen sich am Schicksal anderer ergötzen.*

*Dein Sohn, HERR, hatte ähnliches zu erdulden. Auch damals schrie ein aufgebrachter Pöbel ähnliche Parolen, verlachte und verhöhnte ihn. Er, Dein Sohn, hat kein Schauspiel gegeben. Er hat die Menschen aber auch nicht verachtet. Er hat ihnen — uns allen — vergeben. Er ging für sie — für uns alle — freiwillig in den Tod, damit sie — wir alle — das Leben haben — und es in Fülle haben.*

# Mut
# zum Dienen

---

WER GROSS SEIN WILL
UNTER EUCH
DER SEI EUER DIENER
UND WER DER ERSTE
SEIN WILL
UNTER EUCH
DER SEI EUER KNECHT

MATTHÄUSEVANGELIUM

Im Bericht über eine Diözesantagung im norddeutschen Raum heißt es: „Daraufhin ergriff der Hauptreferent, Dr. N. N., das Wort, um über die Aufgaben des Diakons zu sprechen. Er fragte: ‚Was ist der Diakon heute?' und gab die klare Antwort, daß dieses sich erst noch herausstellen müsse, da bis jetzt noch wenige Männer dieses Amt bekleiden."

Nun, einmal die (wahrscheinlich unbeabsichtigt) humorvolle Berichterstattung beiseite, wir wissen freilich noch nicht so recht, was die modernen (verheirateten) Diakone eigentlich sind, aber wir kennen ihre Aufgaben: Helfer zu sein in der Pfarrei, kurzum das zu sein, was ein Diakon immer war — immer hätte sein sollen: ein Diener! Das Wort Diakon kommt aus dem Griechischen „diakonein" = dienen. Diakon heißt Diener.

Dienen sollten wir alle, Gott und den Menschen, auf irgendeine Weise.

Was sagte Christus zu seinen Jüngern? Wer mein Jünger sein will, nehme täglich sein Kreuz auf sich und folge mir nach ... als **Dienender**. Wie Christus die Jünger bediente, ihnen die Füße wusch, so sollen auch wir einander dienen, uns gegenseitig be-dienen.

Das deutsche Wort dienen und das Wort De-mut hängen innerlich zusammen. De-mut soll von Dien-mut kommen. Mut zum Dienen also. Und da gehört schon Mut dazu. Es ist gar nicht so einfach, vor allem, wenn der andere, dem man dienen soll, uns ganz und gar nicht sympathisch ist.

Wenn es ein lieber Mensch ist, wenn es sich um einen netten Kollegen oder eine hübsche junge Dame handelt, ja, dann sind wir freilich gern bereit: Aber selbstverständlich! Für Sie tue ich alles. Bitte, gern geschehen!
Ist es aber ein älterer Mensch, ein kränkelnder, ein weniger sympathischer, ein knurrender, knausriger Nachbar — na, dann überlegen wir es uns schon zweimal, ehe wir zusagen.

Warum diese Unterschiede? Dienen nur dann, wenn's halbwegs Freude macht?

In einigen Ländern der Dritten Welt nennt man heute die ausländischen Missionare „zwischenkirchliche Diener", mit Betonung auf Diener. (Also Diener zwischen der westlichen, abendländischen Kirche und den jungen Kirchen in Asien, Afrika und Lateinamerika.) Keine schlechte Beschreibung dessen, was sie tun — tun sollten. Aber warum nur „zwischenkirchliche", warum nicht auch zwischenmenschliche Diener? Warum nicht Diener zwischen Gott und den Menschen?

*HERR, gib uns Mut, Dien-mut! Gib uns Freude am Dasein für andere. Aber mache uns nicht überheblich; gib uns den rechten Geist, uns auch von anderen bedienen zu lassen.*

# Warten gehört zum Leben

HOFFEN
IST SEHR WENIG
LEBEN
IST NICHTS
MAN MUSS LIEBEN

RAOUL FOLLEREAU

Früher, so erzählte mir kürzlich ein Bekannter, wünschte ich immer, wenigstens einen kleinen kurzen Augenblick lang in die Zukunft sehen zu können — zehn oder fünfzehn Jahre weiter, irgendeinen kleinen Abschnitt aus meinem Leben. Das war übrigens schon sehr früh bei mir der Fall. Bereits als acht-, neunjähriger Junge hätte ich gar zu gerne gewußt, was ich als Erwachsener einmal tun, wo ich wohnen, mit wem ich zusammen leben würde. Irgendwie konnte ich mir nicht vorstellen, überhaupt nicht ausmalen, daß man auch als Erwachsener einsam sein könne, Angst habe, immer noch nicht in der Lage sei, die eigenen Wünsche zu erfüllen... Und wenn ich heute — nach drei Jahrzehnten — zurückdenke, fällt mir manches wieder ein, z. B. daß ich in sehr jungen Jahren von Missionsländern geträumt habe; daß ich gern Musiker geworden wäre — oder Förster mitten im Wald, auf einer Lichtung, eine kleine Jagdhütte bewohnend — mit vielen Tieren ringsum. — Und dann, wieder ein paar Jahre später, wäre ich am liebsten als Arzt zu den Leprakranken gegangen — irgendwo weit weg... Und heute? Heute habe ich diesen Wunsch, einen Blick in die Zukunft zu tun, nicht mehr. Ganz im Gegenteil, ich finde es beruhigend, daß ich nicht weiß, was auf mich zukommt. Ich bin zufrieden und glücklich in der Gegenwart, obwohl ich (einmal ganz ehrlich gesprochen, was mich in meinem Innern bewegt) immer noch auf etwas warte. Auf was, weiß ich nicht zu sagen. Sicher nicht auf das große Los, auf das große Glück. Dennoch: Warten können, meine ich mittlerweile, gehört zum Leben...

Wie wahr! Warten können gehört zu unserem Leben. Ohne Warten kommen wir nicht weiter. Ohne Geduld würden wir nervös, verfielen willkürlichen Aktionen, könnten weder uns noch anderen einen Gefallen erweisen.

Warten — und immer wieder warten — ist ein Stück Leben. Die Völker warteten einst auf den Anbruch des Gottesreiches. Sie warten heute noch. Wir Menschen warten — voller Sehnsucht — auf viele Dinge: auf andere Menschen; auf die Zeit des Urlaubs; auf das nächste Jahr; auf das Wochenende; auf den Besuch von Freunden undsoweiterundsofort!

*HERR, warten können gehört zum Leben. Dein Sohn hat 30 Jahre lang gewartet, ehe er öffentlich auftrat. Bescheiden, zurückgezogen, lautlos. Dann hat er Deine Botschaft verkündet, hat eine Revolution der Liebe gepredigt.*

*Warten gehört zum Leben. Es hat etwas mit Hoffnung zu tun. Und Hoffnung mit Glauben. HERR, lehre uns hoffen, glauben, lieben!*

# Carl Zuckmayers Wunder-Quelle

WO SICH EWIGKEITEN
DEHNEN
HÖREN DIE GEDANKEN AUF
NUR DER HERZEN
FROMMES SEHNEN
AHNT
WAS OHNE ZEITENLAUF

WILHELM BUSCH

Der bekannte Bühnenautor und Schriftsteller Carl Zuckmayer mußte die Kriegsjahre — er floh vor dem Hitlerregime — in den USA verbringen. Auf einer entlegenen Farm zog er Ziegen groß und pflanzte Rüben und Kartoffeln. In seinem Erinnerungsbuch „Als wär's ein Stück von mir" schreibt er von sonderbaren Dingen in jenen Jahren: „Mein eigenes Leben in dieser Zeit, je mehr mir die Härten seiner Realität zu schaffen machten, wurde immer unwirklicher, abseitiger, verwunschener. Ich wußte nicht, was in mir abgestorben war, was schlief, was lebte ... Einmal, allein im einsamen Bergwald, wo ich Bäume für den Holzschlag anzeichnete, erlebte ich ein Wunder: Ich stieß mit dem Fuß an einen lockeren Stein, und unter dem Stein sprang, mit einem gurgelnden Laut, der fast einem Anruf glich, eine Quelle hervor. Sie war klar und rein, ich tauchte die Hände hinein, kühlte mein Gesicht. In diesem Augenblick wußte ich, daß ich erlöst war. Bald danach begann ich wieder zu schreiben..."

Wer den erdverbundenen, nüchtern und sachlich denkenden Dichter kennt, weiß, daß ihm das Wort „Wunder" nicht vorschnell über die Lippen kam. Wenn er das Ereignis im Bergwald dennoch als Wunder bezeichnet, dann deshalb, weil es für ihn, für sein Leben damals, wie ein Wunder war.

Ich glaube, es geht fast allen Menschen irgendwann im Leben wie dem Dichter: Wir fühlen uns verloren, haben keinen Mut mehr, sind traurig und niedergeschlagen, uns fehlt jeder Elan zum Weitermachen. Und urplötzlich, ausgelöst durch ein winziges Ereignis, sehen wir wieder Sinn im Leben, erkennen unsere Aufgabe, raffen uns auf, wagen den nächsten Schritt – den Schritt in die Zukunft.

Wir mögen von „Wundern" sprechen oder von Zufällen. Letztlich werden wir nicht ganz daran vorbeikommen, zuzugeben, daß es „Dinge" gibt, die über unser menschliches Begreifen und Verstehen hinausgehen, die auf etwas hinweisen, was jenseits menschlicher Vernunft und Einsicht liegt.

*HERR, gar zu oft zucken wir die Achseln, lächeln hochnäsig über alles, was nach „Wundern und Zeichen" riecht. Wir spötteln über die Leichtgläubigkeit unserer Mitmenschen, dünken uns etwas Besseres, halten uns für Aufgeklärte. Bis uns eines Tages ein Licht aufgeht, bis wir über einen Stein stolpern – und merken, daß auch die kleinen Dinge Zeichen und Wegweiser sein können.*

*HERR, lehre uns, bei aller gebotenen kritischen Haltung gegenüber „Wundern und Zeichen", dies eine: Verständnis für unsere Mitmenschen und Ehrfurcht vor den Wundern Deiner Schöpfung. Laß uns wieder glauben an das Wirken Deines Geistes, an Deine Liebe und Güte zu uns Menschen.*

# Von der Freude des Helfens

ICH SUCHTE GOTT
UND ER ENTZOG SICH MIR
ICH SUCHTE MEINE SEELE
UND ICH FAND SIE NICHT
ICH SUCHTE
MEINEN BRUDER
UND ICH FAND
ALLE DREI

EIN GEFANGENER
IN SIBIRIEN

Mutter Teresa von Kalkutta und ihre Mitschwestern holen Sterbende und Verhungernde von den Straßen, nehmen sich der Leprakranken an, sind überall dort, wo die Not am größten ist: in den Slums von Bombay, Kalkutta, Rom, Aden, Caracas und vielen anderen Elendszentren der Welt. Sie — die Schwestern um Mutter Teresa — begründen ihren Dienst mit dem Glauben: Gott hat sich für uns Menschen entschieden. Also wollen auch wir uns für Gott entscheiden. Vom englischen Fernsehregisseur Malcolm Muggeridge einmal daraufhin angesprochen: „Wie sollen die Menschen diesen Glauben finden? Viele von ihnen, ich selbst vielleicht eingeschlossen, haben ihren Weg verloren. Sie haben den Weg gefunden. Wie helfen Sie ihnen, den Weg zu finden?" — Die schlichte Schwester aus Albanien, heute in aller Welt als Mutter Teresa bekannt, antwortete einfach: „Dadurch, daß ich sie — die Menschen — in Berührung mit den Menschen bringe. Denn in den Menschen werden sie Gott finden." —

Muggeridge kehrte nach Abschluß der Dreharbeiten in Kalkutta nach London zurück. Er war stark beeindruckt von dem, was die Schwestern tun — und wie sie es tun: „Noch nie habe ich so fröhliche, glückliche Frauen angetroffen oder eine solche Atmosphäre von Freude, wie sie sie schaffen."

Es stimmt: Wer anderen hilft, selbstlos und ohne erwartete Gegenleistung, hilft sich selbst, wird innerlich frei, wird froh und glücklich. Denn nichts in der Welt kann uns Menschen so sehr beglücken wie das Bewußtsein, anderen einen Dienst zu erweisen, für andere da sein zu dürfen, anderen etwas zu geben, was ihnen nur ein Mensch geben kann, der nicht auf Gegenleistung pocht. Wer den Menschen in liebender Demut dient, wird nie ganz unglücklich sein. Wer Menschen in Not seine Hand anbietet, wird niemals der Melancholie verfallen. Denn auch er wird beschenkt: mit dem dankbaren Lächeln derer, denen er hilft; mit der Gewißheit, die ihnen ihr Glaube gibt: Wer einem dieser Geringsten hilft, der hilft mir, wer Durstigen zu trinken, Hungernden zu essen, Nackten Kleider gibt, gibt mir zu trinken, zu essen, etwas zum Anziehen. Wer Todkranke pflegt, Verhaftete besucht, Ausgestoßene aufnimmt — tut es für mich ...

*HERR, wie lange noch mußt Du auf unsere Einsicht warten? Wann werden wir endlich die Tragweite dieser Worte Deines Sohnes begreifen? Daß, wer die Menschen liebt, auch Dich liebt, wer den Menschen dient, auch Dir dient — und wer es für Dich und die Menschen tut, mit Freude überschüttet wird.*

# Immer
# nach Hause

---

GOTT
BESUCHT UNS
HÄUFIG
ABER MEISTENS
SIND WIR
NICHT ZU HAUSE

SPRICHWORT DER ZULU

„Ein Expreß ist dies Jahrhundert,
der nicht ahnt, wohin er jagt.
Friedenspfeifen drin zu rauchen,
ist Indianern untersagt." — Diese
Verse des russischen Dichters
Jewtuschenko klingen melancholisch. Ein Schuß Fatalismus ist
ihnen beigemengt.

Freilich wissen wir nicht, wohin
die Reise geht. Aber wir ahnen
es. Freilich ist uns gestattet, Friedenspfeifen zu rauchen, nur tun
wir es gar so selten.

Überhaupt, wenn man eine Reise
macht, sollte man wissen, wohin
sie führt. Denn ehe man von
einem Ort aufbricht, sollte man
sich im klaren sein, von wo man
auszieht, die Welt zu bebummeln.
Man sollte wissen, was einem die
Heimat wert ist. Man sollte auch
wissen, wo Heimat ist.

Nur dort, wo man geboren wurde?
Wo man sich ansiedelte? Wo das
eigene Häuschen steht?

Oder auch dort, wo man sich
wohlfühlt? Wo man angenommen wird? Wo man Freunde hat?

Reisen heißt zwar, hinausgehen in die Fremde, in die „böse" Welt; heißt, sein sicheres Nest aufgeben und unterwegs sein; heißt, wenigstens zeitweise, aufgeben, was man mit dem Begriff Heimat normalerweise verbindet, wenn man Heimat mit dem Ort gleichstellt, wo man wohnt. Aber Heimat ist eben nicht nur dort, wo man wohnt. Heimat ist auch in der Erinnerung und im Bewußtsein derer, die uns mögen.

Also ist Heimat auch in der Ferne, auch unterwegs, immer und überall, wo diese Erinnerung und dieses Bewußtsein um die Freunde anhält und fortdauert.

Reisen, unterwegs sein, ist für den Christen eine Lebensaufgabe. Er befindet sich immer auf der Achse. Er ist stets ein Wanderer zwischen zwei Welten, ein Pilger auf dem Weg in eine neue Heimat, die er nicht kennt, nach der ihn aber verlangt.

Gewiß, die Ungewißheit bleibt. Der „Expreß" jagt dahin — und manchmal wissen wir wirklich nicht, wohin die Reise geht. Meistens gerade dann, wenn wir es am dringlichsten wissen möchten.

*HERR, Du willst, daß wir dauernd unterwegs sind — unterwegs zu den Menschen und unterwegs zu Dir. Du willst aber nicht, daß wir vor Dir davonrennen. Es stimmt schon, was die Zulu-Stammesleute in Südafrika sagen, daß Du uns häufig besuchst, uns aber nur selten zu Hause antriffst. Das ist jedoch nur dann schlimm, wenn wir Dich nicht mitnehmen auf unsere Reise. Wer hingegen Dich einlädt, mit auf die Reise zu kommen, der wird nie ganz vom Weg abkommen, der wird immer ahnen, wohin die Reise geht. Wohin denn? Immer nach Hause — zu Dir.*

# INHALTSVERZEICHNIS

5 Ein Tröpfchen im voraus
6 Die Reise wagen
8 Das Märchen vom Hofhund und dem wilden Wolf
10 Nicht als Bösewichte abtun
12 Sie nannten ihn einen Deppen
14 „Trink dir den Staub von der Seele!"
16 Jede Krise eine Chance
18 Gute Medizin gegen schlechte Laune
20 Für andere da sein dürfen
22 Von der Wüste lernen
24 Wenn Bäume sprechen könnten ...
26 Fast unverschämt reich?
28 Der Tod ist kein Gesellschaftsspiel
30 Von der Klugheit der Stachelschweine
32 Wenn Freunde unerträglich werden
34 Ein Dankeschön für Selbstverständliches
36 Die modernen Heiligen und wir
38 Die kleinen Dinge zu unseren Füßen
40 In die Sonne von Liebe und Hoffnung legen
42 Der Blinde mit der sympathischen Stimme
44 Sich aneinander heranschweigen
46 Zur Einsamkeit berufen?
48 Noch ein Stück zu leben
50 „Sie haben sich gar nicht verändert!"
52 Schon einmal Rufmörder gewesen?
54 „Die Welt braucht uns als Sauerteig"
56 Ein Wesen, das fähig wäre

58 Menschen brauchen Menschen
60 Was liebt die Welt an Deutschland?
62 Eine Handvoll Leute
64 Der Hau-den-Lukas-Harry
66 Sie brachen das Brot hin und her
68 Und lassen einen allein
70 Die Story vom fetten Hund
72 Wenn Schmoller Feste feiern
74 Haß zahlt sich nie aus
76 Manchmal genügt eine Rose
78 Was sollen Eltern solcher Kinder tun?
80 Sie predigen kein Wasser
82 Einfach so mir nichts, dir nichts!
84 Die dünne Haut der Luftballons
86 Worüber Zeitungen schweigen
88 Warten, bis man recht bekommt
90 Die vornehmen Primitiven
92 Einen anständigen Beruf erlernen
94 Die Chance der Bärenraupe
96 Was Hänschen nicht lernt...
98 Das Happening von Johannesburg
100 Mut zum Dienen
102 Warten gehört zum Leben
104 Carl Zuckmayers Wunder-Quelle
106 Von der Freude des Helfens
108 Immer nach Hause

# Weitere Bücher von Adalbert Ludwig Balling

**Das Leben lieben lernen**
Augenblicke der Besinnung
Sonderausgabe, 2. Auflage, DM 9,80

Das Büchlein ist ein wirkliches Geschenk. Das hat ein Mann geschrieben, der auch dem heutigen Menschen zu innerer Vertiefung, zu Gebet und Meditation verhelfen kann. Vielen Dank!

*Heinrich Maria Janssen*
*Bischof von Hildesheim*


**Nimm dein Herz in die Hände**
Augenblicke der Besinnung
Sonderausgabe DM 9,80

Der Autor stützt sich in seinem Büchlein nicht zuerst auf eigene Weisheit; er hat in 52 Kapiteln – eines für jede Woche des Jahres – Stimmen und Gedanken großer Gestalten aus Kirche und Welt zusammengetragen. Schmunzelnde Lebensweisheit, Gelassenheit und Wohlwollen begleiten den Leser auf jeder Seite.


**Ich bin mein bestes Stück**
Augenblicke der Besinnung
Sonderausgabe DM 9,80

Dies ist ein sehr köstliches, herzerfrischendes Buch von einem Priester, der das Herz auf dem rechten Fleck hat. Viel Humor. Viele scharfsinnige Bemerkungen zu Tagen unserer Zeit. Eine todsichere Medizin gegen Verdrossenheit. 52 Kapitel, für jede Jahreswoche eines, damit wir lernen, uns selbst anzunehmen. Dieses Büchlein sollte viel gelesen werden.

*„appels et projets", Bulletin de lisson du Centre*
*de Pastorale des Vocacions, Luxemburg*

MORUS · BERNWARD · BUTZON & BERCKER